守護霊インタビュー

金正恩 最後の狙い

大川隆法
RYUHO OKAWA

まえがき

北朝鮮の若き指導者、金正恩《キムジョンウン》氏は、現在、孤立《こりつ》している。国際社会と対話することも、本音《ほんね》のメッセージを出すこともできないでいる。

数多くのミサイル発射や核実験が、トランプ氏の指導力を際立《きわだ》たせ、安倍政権の疑惑《ぎわく》を覆《おお》い隠して延命《えんめい》させ、さらに米中を接近させている。

全く自分の筋書きとは異なる方向に、新しい世界史は流れようとしている。

もし、日本も含めて、世界のマスコミが現在の金正恩氏に完全独占インタビューをすることが許されたら、まるで夢のようだろう。ややスピリチュアルな取材ながら、その七十％以上の希望を叶《かな》えたのが本書である。

相手は頭のいい方であるので、本書が逆利用されないよう警戒《けいかい》しつつ、「Xデー」が迫る緊迫感をまとめ、緊急出版することとした。

二〇一七年　十月十二日

幸福《こうふく》の科学《かがく》グループ創始者兼総裁《そうししゃけんそうさい》
幸福実現党創立者兼総裁《こうふくじつげんとうそうりつしゃけんそうさい》　大川隆法《おおかわりゅうほう》

守護霊インタビュー　金正恩　最後の狙い　目次

守護霊《しゅごれい》インタビュー 金正恩《キムジョンウン》 最後の狙《ねら》い

二〇一七年十月十一日　収録
幸福の科学 特別説法堂《せっぽうどう》にて

「霊言現象《れいげん》」とは、あの世の霊存在の言葉を語り下ろす現象のことをいう。これは高度な悟《さと》りを開いた者に特有のものであり、「霊媒現象《れいばい》」（トランス状態になって意識を失い、霊が一方的にしゃべる現象）とは異なる。外国人霊の霊言の場合には、霊言現象を行う者の言語中枢《ちゅうすう》から、必要な言葉を選び出し、日本語で語ることも可能である。

また、人間の魂《たましい》は原則として六人のグループからなり、あの世に残っている「魂のきょうだい」の一人が守護霊《しゅごれい》を務めている。つまり、守護霊は、実は自分自身の魂の一部である。したがって、「守護霊の霊言」とは、いわば本人の潜在《せんざい》意識にアクセスしたものであり、その内容は、その人が潜在意識で考えていること（本心）と考えてよい。

なお、「霊言」は、あくまでも霊人《れいじん》の意見であり、幸福の科学グループとしての見解と矛盾《むじゅん》する内容を含《ふく》む場合がある点、付記しておきたい。

守護霊《しゅごれい》インタビュー 金正恩《キムジョンウン》 最後の狙《ねら》い

二〇一七年十月十一日　収録

幸福の科学 特別説法堂《せっぽうどう》にて

金正恩《キムジョンウン》（一九八三？～）

北朝鮮《きたちょうせん》の第三代最高指導者。金正日《キムジョンイル》前総書記の三男で、二〇一一年十二月の同氏の死去後、最高指導者の地位を世襲《せしゅう》。現在、朝鮮労働党委員長、朝鮮民主主義人民共和国国務委員長、朝鮮人民軍最高司令官等を務める。

質問者　※質問順

石川悦男《いしかわえつお》（幸福の科学理事長）

里村英一《さとむらえいいち》（幸福の科学専務理事〔広報・マーケティング企画《きかく》担当〕兼《けん》ＨＳＵ講師）

酒井太守《さかいたいしゅ》（幸福の科学宗務《しゅうむ》本部担当理事長特別補佐《ほさ》）

［役職は収録時点のもの］

1　北朝鮮《きたちょうせん》情勢の最終局面、独裁者の本心に変化が？

十月十一日の金正恩《キムジョンウン》守護霊《しゅごれい》の発言に見られた「変化」とは

大川隆法　先ほどから、北朝鮮《きたちょうせん》の金正恩《キムジョンウン》氏の守護霊《しゅごれい》がまた来ていまして、「どうしようか」と思っていました。

彼に関しては、もうずいぶん本を出したので（『北朝鮮――終わりの始まり――』『守護霊インタビュー　金正恩の本心直撃《ちょくげき》！』〔共に幸福実現党刊〕、『北朝鮮・金正恩はなぜ「水爆《すいばく》実験」をしたのか』『危機の中の北朝鮮　金正恩の守護霊霊言《れいげん》』『緊《きん》急《きゅう》守護霊インタビュー　金正恩 vs. ドナルド・トランプ』〔いずれも幸福の科学出版刊〕参照）、「だいたい、言っていることは分かっているから、もう（霊言を出さなくても）いいかな」という気もします。

今、日本では、衆議院総選挙の選挙戦の最中《さいちゅう》です。昨日《きのう》（二〇一七年十月十日）が公示日で、十月二十二日が投票日です。

北朝鮮には、何か、やりたい動きはあるらしいのですが、「それによって日本の選挙の結果がブレるのは困る」というようなことを（金正恩守護霊は）少し言っていました。

「脅威《きょうい》を見せると、安倍《あべ》首相のところや希望の党などが議席数を伸《の》ばすことになるのではないか」ということを気にしている様子で、どちらか

北朝鮮の動向を読む金正恩氏の守護霊霊言

『緊急守護霊インタビュー 金正恩 vs. ドナルド・トランプ』
（幸福の科学出版刊）

『危機の中の北朝鮮 金正恩の守護霊霊言』
（幸福の科学出版刊）

『北朝鮮―終わりの始まり―』
（幸福実現党刊）

『北朝鮮・金正恩はなぜ「水爆実験」をしたのか』
（幸福の科学出版刊）

というと、「左翼《さよく》リベラルのほうに躍進《やくしん》してもらいたい」という感じのことを言ってはいたので、そのくらいのことは読めるようです。

ただ、私が霊言を出すことで〝金正恩のスポークスマン〟のようなことをするのは、もう、よいのか悪いのか少し分からないので、「どうしようか」と思ったのです。

前回、『緊急守護霊インタビュー　金正恩 vs. ドナルド・トランプ』を出しましたが、両者ともかなり本音を言い、〝ガチンコ〟で対決していました。これは八月下旬《げじゅん》に録《と》ったものです。

それから少し動きがあり、トランプ大統領が次第《しだい》に寡黙《かもく》になって、「嵐《あらし》の前の静けさだ」などと言い始めたので、金正恩は、「本気かなあ」と思って、そうとう身構えているところもあるようです。

先ほど、金正恩守護霊は、「一定の条件が確保されれば、負けを認める感じにしてもよい」というようなこともチラッと言ってはいたので、条件交渉《こうしょう》も少し入っているのではないかとは思います。

危機下の国政選挙中に聞くべき諸論点を訊《き》く

大川隆法　いずれにしても、北朝鮮の国営放送では、例の調子で〝戦意高揚《こうよう》型の発表〟をすること以外はできないのでしょうから、この人（金正恩）は、今、「国際社会との対話」がもうできない状態にあるようです。

そのため、代わりに、少し変ではあるのですが、（金正恩守護霊が）幸福の科学に来ているわけです。

里村　（笑）

大川隆法　幸福の科学は、北朝鮮に対して、いちばん〝タカ派〟かもしれないのに、その当会に来て、メリットがあるのかどうか、私には分かりません。

もっとも、北朝鮮の脅威がなければ、政党（幸福実現党）も立ち上げなかったので、こちらもかなりのリスクを背負ってはいます。ですから、この件については、「いちおう最後まで見届けなくてはいけないのではないか」と思っています。

（金正恩守護霊は）少し弱気になっているか、迷っているかもしれません。そのような気がしないでもないのですが、選挙期間中とそのあとのことについて、向こうが考えていることなどを掘《ほ》り出せればよいと思います。

ただ、選挙の期間中なので、多少、「揺《ゆ》さぶり」をかけることも考えているかもしれないのですが、このあたりについては、よく分かりません。

なるべく（金正恩守護霊）本人が長く話したほうがよいと思うので、そろそろ霊言を始めます。選挙中に聞くべき諸論点をできるだけ押《お》さえながら、何を言おうとしているのかを読み取りたいと思っています。

幸福の科学には、彼からそれほど慕《した》われる理由はないのですが、「ほかに出るところがない」というのは、そのとおりでしょうし、これで西側と対話しているつもりなのかもしれません。

それでは呼びます。（里村に）あなたは前にも（金正恩守護霊への質問を）やったことがありますよね。

里村　はい。

大川隆法　（手を一回叩《たた》き、合掌《がっしょう》して）今朝《けさ》から来ています、北朝鮮最高指導者・金正恩氏の守護霊よ。

金正恩氏の守護霊よ。

どうか、幸福の科学に降りたまいて、その心の内を明かしたまえ。

よろしくお願いします。

（約十秒間の沈黙《ちんもく》）

2 「金正恩の現状の情勢分析《ぶんせき》」を訊《き》く

しきりに資金援助《えんじょ》してほしがる金正恩守護霊

金正恩守護霊　うん。うん、うーん。うーん。

石川　おはようございます。

金正恩守護霊　うん？　うん？　うん？　ああ、はい。おはよう。

石川　金正恩の守護霊様でいらっしゃいますでしょうか。

金正恩守護霊　呼びつけたな。

石川　朝鮮《ちょうせん》労働党最高指導者の守護霊様でいらっしゃいますでしょうか。

金正恩守護霊　うん。

石川　おはようございます。

金正恩守護霊　（幸福の科学）理事長の〝肉体様〟でいらっしゃいますでしょうか。

石川　そうでございます。

金正恩守護霊　ああ。そうですか。

石川　今日は、こちらと何かお話がしたいというご意向もあったと伺《うかが》っていますが、現在、日本は選挙戦の最中でもございますので。

金正恩守護霊　うーん、まあ、無駄《むだ》なことはやめたほうがいいんじゃない？

石川　どういう意味で「無駄なこと」だと言うのですか。

金正恩守護霊　お金が惜《お》しいじゃないか。

石川　え？

金正恩守護霊　お金が惜しいじゃん、選挙しても。だから、そのお金をこっちに送ってよ。

石川　やはり、お金でお困りになっているということでの交渉《こうしょう》でしょうか。

金正恩守護霊　やっぱりねえ、君たち、全然マスコミが扱《あつか》ってくれなくて面白《おもしろ》くないでしょう？　せっかく私が君たちを応援《おうえん》するために、ミサイルを今年は一、二、三、四、五、六、七、八、九、十、十一、十二、十三、十四……、十五回もすでに発射しているのにさあ。

君たちが二〇〇九年からずーっと言ってきたことについてさあ、「幸福実現党はこう言ってきました」って、（マスコミは）何にも言ってくれないんだろ

2017年9月15日、移動式発射台から撃ち出された北朝鮮の中距離弾道ミサイル「火星12」は、北海道上空を通過し、襟裳《えりも》岬《みさき》の東約2200キロの太平洋に落下した（朝鮮中央通信）。

う? 日本は不公正な社会だなあ。

だから、もうやめようよ。もう、そういうのをやめて、選挙資金で米を買い、石油を買って、こちらに運ぶっていうような、そういう政策でも打ち上げると注目されるかもしれないから、意外に。

石川 ということは、やはり、今、かなり資金のほうにお困りということでございますか。

金正恩守護霊 いやあねえ、〝村八分《むらはちぶ》〟にしようとしてるだろう、とにかくなあ。それは、じわじわとこたえてきてるわなあ、やっぱり。

石川 中国の包囲網《もう》もかなり効いてきている感じでしょうか。

金正恩守護霊　それもあるし、（北朝鮮の）大使もいっぱい、いろいろなところから追い出されたりしてね。

石川　そうですね。

金正恩守護霊　あれで、前の戦争のときの日本の国際連盟脱退《だったい》みたいに、脱退してほしそうに圧力をかけてくるじゃない？　このままだと脱退みたいになってきそうだからさあ。

君らがそのやり方を教えてくれたんだからさあ、何か手はないのかねえ。

今の環境《かんきょう》について、金正恩は実際にはどのように理解しているのか？

石川　金委員長に残されている手は、かなり限られてきているのではないでしょうか。今、自分の置かれている環境《かんきょう》をどのように理解されているのでしょうか。

金正恩守護霊　トランプが意外にタヌキだなあ。

石川　トランプ大統領は強いですよ。

金正恩守護霊　タヌキ親父《おやじ》だなあ。もうちょっと〝軽い男〟のはずなんだが。

石川　今回は、北朝鮮の「totally《トータリー》 destroy《デストロイ》」（完全破《は》壊《かい》）を決意されているのではないでしょうか。

金正恩守護霊　うーん。ハリケーンで二回やられて、カリフォルニアで山火事が起きてるんでねえ。この

トランプ大統領は2017年9月19日の国連総会演説で、「北朝鮮を完全に破壊する（totally destroy North Korea）」と述べた（左写真、右：9月20日付産経新聞）。その1カ月前、『緊急守護霊インタビュー 金正恩 vs. ドナルド・トランプ』（8月29日収録、幸福の科学出版刊）でも、トランプ氏守護霊は「（北朝鮮を）丸ごと破壊する」と同様のことを語っていた。

神の祟《たた》りをまだ畏《おそ》れんのかなあ。

石川　彼自身が「神の正義」を実現したいと思っていますからね。

金正恩守護霊　うーん……。北朝鮮の工作員がカリフォルニアで山火事を起こしてるかもしれないのになあ。ものすごい焼けとるんだなあ。

石川　まあ、あのへんは毎年ありますからね。

金正恩守護霊　〝火攻《ぜ》め水攻め〟をやってるから、自分の国内のことをもうちょっとしっかりやったほうがいいんじゃないかなあ、あいつは。「アメリカ・ファースト」だろ?

石川　いや、国内の世論《よろん》を見ると、ハリケーンについても処理の仕方がよかったのです。事前の予想では、「大統領として、仕事ができないのではないか」と言われていたのですが、逆に人気が上がったところもあります。「大統領として、この人は仕事ができるのではないか」と言われているようですよ。

金正恩守護霊　民主主義の国・アメリカはマスコミを大事にしなきゃいけないのに、マスコミからつまはじきにされて、〝金正恩化〟されてさあ。それで、大統領がツイッターだけで打ってるなんて、あれ、孤独《こどく》すぎるじゃないか。かわいそうじゃない？　だから、早く暗殺するなり殺すなりしてやらないとさあ、アメリカの大統領としてはかわいそうじゃないの。

もう「アメリカ・ファースト」をやめて、〝ミー・ファースト〟にしたらいいのよねえ、ほんとねえ。

石川　今日は、言葉が少し弱っているように感じないこともないのですが。

金正恩守護霊　いやあ、あなたの〝後光《ごこう》〟が強すぎて、ちょっとなあ。

石川　（笑）

金正恩守護霊　うーん、もうライトがまぶしいわ、ほんとに。ライトが二つもあるからさあ、ほんとにまぶしいが。うーん、どうしたもんかなあ。

　君らはねえ、どうせ政党なんか通りゃしねえんだからさあ、善意のある第三者で、私たちの参謀《さんぼう》と化して、日朝の橋渡《はしわた》しみたいな役割をしたら、国際的にも注目されて、宗教的にも成功するんじゃないかなあ。

石川　はい。それは望むところですよ。

金正恩守護霊　うん、そうだろう？

石川　ええ、よろしいですよ。

金正恩守護霊　さすが理事長だ。決定権がある。理事長が言ったことを残せばなあ、教団は言うことをきかないとしょうがないよ。

国際社会への要求を語る

石川　どういうことを望まれているのか、言ってくださいますか。

金正恩守護霊　だからねえ、やっぱり「人道援助」っていうのをな、韓国《かんこく》の大統領が言ったけど、あれを引っ込《こ》めさせられて、今、凍結《とうけつ》されてるけどさあ。まあ、実際、こちらはねえ、核《かく》開発に金がかかってねえ、困ってるんだからさあ。

石川　ちょっと、使いすぎなのではありませんか。

金正恩守護霊　いやいや、使いすぎじゃないよ。それは必要なもので、必要経費なんだが。

石川　うーん。

金正恩守護霊　一般《いっぱん》人民を巻き込んじゃいかんだろう。日本人も、そのなかに入ってるんだからさあ。

石川　いや、金正恩委員長こそ、一般人民を巻き込んではいけないと思います。

●主体思想　金日成《キムイルソン》が唱道した思想のこと。民族の自主性を維持するために、政治、経済、思想、軍事のすべてにおいて自主・自立を貫きつつ、人民は絶対的権威に服従しなければならないとする。

金正恩守護霊　いやいやいや、わしらは……。

石川　自分の望みどおりに国民を動かそうとする体質は、やはり、西側諸国と交渉する場合に条件が合いません。

金正恩守護霊　やっぱり、主体《しゅたい》思想と先軍思想から見たら、やらないといかんことはやらないといかんのだよ。

ただ、それ以外のところはだなあ、やっぱりね、国際社会がもうちょっと愛を持って接しなきゃいかんのじゃない？　宗教団体として、それを訴《うった》えかけるべきじゃないか。

石川　その点に関しては、幸福の科学が国際社会との交渉の窓口になってもいいと

●先軍思想　すべてに優先して軍事に力を入れる国家の方針で、毛沢東《もうたくとう》の大躍進政策等がそのルーツとも言われる。

思います。

金正恩守護霊　うん、うん、言った、言ったな？　交渉の窓口になっていいのね？

石川　ええ。いいですよ。その代わり、ぜひ、世界中のマスコミの人たちを国内に入れて、金正恩委員長の体制下にある北朝鮮の国のなかを見せてください。

金正恩守護霊　いや、マスコミはちょっと、もういいよ、あれは。

石川　こちらとしては、「本当に、これだけ国民が喜んでいるんだ」という体制を見せてもらうことが条件ですね。

金正恩守護霊　いや、見せてるよ。（金日成《キムイルソン》と金正日《キムジョンイル》の）銅像の前では、みんな喜んでるでしょう？

石川　いや、銅像の前だけでは駄目です（苦笑）。

金正恩守護霊　昨日《きのう》（十月十日）の労働党の記念日には、老若男女《ろうにゃくなんにょ》が集まって「万《ばん》歳《ざい》、万歳」って喜んでるから。ちゃんと喜んでるところを放送してるじゃないか。

石川　こちらの質問者にはマスコミの代表のような方もいるので、その意見もお聞きいただきたいと思います。

金正恩守護霊　うーん、はい。

日本のマスコミは〝沈着冷静《ちんちゃくれいせい》〟で状況把握《じょうきょうはあく》ができていない？

里村　昨日《さくじつ》の朝鮮労働党創建記念日の模様も、平壌《ピョンヤン》の銅像の前とかですね、いつも……。

金正恩守護霊　君、なんでそんなに日焼けしてるの？

里村　あ、いえ（苦笑）。選挙期間中なので、いろいろなところに行って活動をしていますので。

金正恩守護霊　いや、君ねえ、公平中立な立場にいる広報の責任者がねえ、選挙なんか行っちゃいけないよ。

里村　いや、まさに、「公平中立な選挙」を実現するための行脚《あんぎゃ》を重ねているというところです。

金正恩守護霊　うーん。まあ、君たちがねえ、北朝鮮に悪意を持って、いくら好戦的な気分をかき立てようとしても、日本のマスコミは〝沈着冷静《ちんちゃくれいせい》〟だからさあ、まったく乗らないんだって。

里村　今、石川理事長が申し上げたのは、本当に北朝鮮の国民が幸せなのかどうかという北朝鮮の実態を、ぜひ、〝沈着冷静〟なマスコミに自由に報道させてほしいということです。

金正恩守護霊　いや、報道してるじゃないか。だから、ミサイル実験が成功するたびに、国民みんなが拍手《はくしゅ》拍手してるじゃない？

石川　それは〝大本営発表《だいほんえい》〟ですから（笑）。

金正恩守護霊　ええ？　いや、そんなことないよ。

石川　世界の人が見ないといけないですね。

金正恩守護霊　「強国になった」って。だから、一般市民に聞いても、「これでアメリカを叩《たた》き潰《つぶ》せる」って、みんなが言うてるから。安心してるんだ。な？

里村　ですから、そのような、ある意味で一面的な報道ですと、なかなか国際社会の理解を得られないわけです。先ほどから石川理事長が申し上げていることは、そういうことなんですけれども。

このへんに関して、もう少し開放して、「ぜひ実態をご覧いただきたい。そして、本当に苦しんでいる方がいるなら、国際社会にお助けいただきたい」ということはないのでしょうか。

金正恩守護霊　いや、「国際社会」なんて言葉を安易に使いすぎるよな。

里村　ほう。

金正恩守護霊　大川隆法先生が唆《そそのか》されて、安倍《あべ》とトランプが大騒《おおさわ》ぎしてるだけなんじゃないの？

アメリカは、本当は「アメリカ・ファースト」で、アメリカ国内のことを今やっておきたいときに、わざわざ北朝鮮問題を引きずり出すし、安倍は、何も根拠《こんきょ》はないけど、「北は危険だ、危険だ。狼《おおかみ》が来るぞ」と言って、自分の「スキャンダル隠《がく》し解散」「スキャンダル隠し選挙」をやって、北朝鮮のせいにして勝とうとしておるんだろう?

だから、君らはなあ、悪意に利用されてるんだって、本当に。

石川　悪意に利用されているのではなくて……。

金正恩守護霊　やることは全部〝逆〟になってるんだからさ。

石川　そうです。

金正恩守護霊　だから、反対を言ったら? 反対を。「北朝鮮を愛そう運動」とかを起こしたら、その〝逆〟になるから。

「地球の終わりまで、日本は平和主義を貫《つらぬ》くべき」

石川　北朝鮮では、金正恩委員長が神様の立場にいらっしゃるのですか。

金正恩守護霊　うん？　何が言いたいの？　神様の立場にいるって……。

石川　要するに、その上には誰《だれ》もいらっしゃらないということですね。

金正恩守護霊　わしが現人神《あらひとがみ》そのものじゃないか。何を言ってるんだ。

石川　ああ、そういうことですか。

金正恩守護霊　当たり前じゃないか。

石川　私たちとしては、大川隆法総裁がその方向性を決めているという考えでおりますけれども。

金正恩守護霊　いやいや、そんなことないよ。

石川　正義を決めているわけです。

金正恩守護霊　政党だって、全然、公認されないしさ。いくら講演したって、それはテレビにも新聞にも流れないんだから、全然駄目だ。私なんか、そのままバーッと流れるから。

石川　そのわりには、今日は、包囲網のなかで寂《さみ》しく出てこられたような感じがします。

金正恩守護霊　戦前の天皇と同じ現人神が私なんですよ。今、戦後の天皇は飾《かざ》りだから。

石川　昨年ぐらいから、大川隆法総裁が示してきた方向に国際社会も動いてきて、今、ついにチェックメイトがかかってしまったのではないかと思います。

金正恩守護霊　いやあ、それはねえ、君らが煽《あお》るからそういうことはあるけど。でも、君らの利益になっていないっていうことをよく考えなきゃいけないよな。

石川　いや、全世界の利益になっていますから。

金正恩守護霊　君らが騒げば騒ぐほど、日本の「左翼《さよく》リベラル」っていうのが、あのへんが強くなる。次は左翼がガーッと伸《の》びるよ。わしがちょっとだけ自制しとれば、投票日の前に変なことをしなければ、票が伸びると思うなあ。安倍も小池《こいけ》も一《いっ》緒《しょ》だろ。ねえ?

石川　今年は戦後七十二年であり、戦後体制の総決算に入っていますから、いよいよ、リベラルのほうも少し弱くなってくるのではないかと思っています。

金正恩守護霊　いや、強くなるんだ。今、強くなってるんだ。

やっぱりね、憲法九条を死守しなきゃいかんし、日本の平和主義はずっと守らなきゃいけない。「日本は平和主義を貫《つらぬ》いて、軍事を持たないで、戦わない」と。これは、地球の終わりまで貫かなきゃいけないんだ。

その代わりね、私らが軍を強くして、アメリカやその他の侵略《しんりゃく》国に対してちゃんと防戦するから。
だから、エネルギーとか食糧《しょくりょう》とか、そういうものをしっかりサポートして、私たちの国を支える国になれば、アジアは平和になるんだ。

石川　七十二年間、そういう国是《こくぜ》でやってきたのですけれども、金正恩委員長が核はつくるわ、ミサイルもぶっ放すわということで、このままではいけないのではないかと、日本国民は気づいてしまったわけです。

「日本は主体《しゅたい》思想を持って、アメリカと戦える国になれ」

金正恩守護霊　いや、本来、日本が〝主体《しゅたい》思想〟を持ってだね、ちゃんと独立して、アメリカと戦える国にならなきゃいけないのに……。

石川　いやいや。アメリカと戦う必要はないのです。

金正恩守護霊　いや、私たちも日本人であった時代が、ちょっと前にはあったからね。日本に百三十もの米軍基地があるっていう状態は、実質上、〝アメリカの植民地〟になっとるから、沖縄《おきなわ》なんかの運動は正義である。日本は西のほうから革命が起きるから、沖縄の運動みたいなのを全国に広げて、「北朝鮮が守ってやるから」ということにして、この「百三十の米軍基地を一挙に撤去《てっきょ》する運動」。これをやったら、君ら、票が入るよ。絶対に入るよ。

石川　やはり、今は、その逆の流れになっています。

金正恩守護霊　（指先で机を叩きながら）だって、百三十も米軍基地があったらさ、攻撃《こうげき》されても文句《もんく》は言えないでしょう？

里村　いや、委員長、百三十も米軍基地があるのは、はっきり言って、朝鮮戦争が終結していないからなんです。

金正恩守護霊　うーん……。

里村　やはり、北朝鮮という国家の存在の影響《えいきょう》は、それなりに大きなものがありまして、極端《きょくたん》な話、北朝鮮、そして、中国が民主化したならば、この米軍の基地等の配置は、近未来にはまったく変わってまいります。

金正恩守護霊　日本人なんか、報道が偏向《へんこう》してるから、もう、沖縄にだけ米軍基地があるぐらいにしか思ってないよ、ほとんど。あとのところは気がついてないから。百三十もある。これはねえ、減らしてやらないと。せいぜい一個か二個にしなきゃいけないわな。うん。

3　東アジアの〝安全保障〟の枠組《わくぐ》みをどうしたいのか

「日朝防衛同盟を組み、北朝鮮《きたちょうせん》が日本に核《かく》兵器を移動して守る」

金正恩守護霊　その代わりにね、私たちは核《かく》兵器を持ってるから、これを日本に移動して、日本から太平洋に向かって睨《にら》むかたちにすれば、日本は守られるんだ。だから、そのへん、協力できるんじゃないかなあ。ロシアが、万一《まんいつ》、何かしてこようとするときでも、私たちの核兵器が日本を守っておればさあ、日本を守れるから。「日朝防衛同盟」みたいなのだって可能なんじゃないかなあ、今。

石川　それだと、やはり、日本の国民も幸福にはならないし、世界に貢献《こうけん》できるような国にもならない……。

金正恩守護霊　なる、なる！　アメリカ兵が犯罪を犯《おか》したりレイプしたり、オスプレイが墜《お》ちたりすることがなくなるわけよ。日本人はより安全になるし、アメリカが、これからアジアでいっぱい悪さをして、大勢の人を殺すのに加担する必要がなくなる。

安倍《あべ》のままでいけば、日米が共同して、これからアジアの人たちをいっぱい殺すことになるからさ。君たちは共同正犯《せいはん》だよな。いわゆる犯罪者になる。

石川　（苦笑）委員長がつくった核兵器やミサイルで守られるなかでは、やはり、個人の自由や、先ほど言った民主主義のような、「人間の喜び」というものはないと、私たちは考えていますので。

金正恩守護霊　いやいや、国家あっての人民が……。

石川　恐怖《きょうふ》のなかでの幸福というのはありません。

金正恩守護霊　いや、それは君らねえ、洗脳されてるんだって。アメリカナイズされてるんだ。

石川　いや、ですから、私たちは、委員長には洗脳されないのです。

金正恩守護霊　いや、私たちの核兵器で人民を守っているんであって。

石川　「恐怖を与《あた》えている」ということですね。

金正恩守護霊　これがなかったら、北朝鮮《きたちょうせん》だって、日本みたいに百三十カ所も米軍基地をつくられてしまうんだ。なあ？　完全に支配される。

君らね、自分らが事実上、もう……。憲法も全部、アメリカに押《お》しつけられて、米軍基地が日本国中にあって、これはもう、革命が起こせない状態になってるということ。だから、実は、戦後七十二年たって、まだ植民地が続いているということを、マスコミは正しく報道しないし、自分たちの役所も政治家も報道しないから、分かってない。私たちこそが〝解放軍〟なんだよ。

アメリカを「一日で終わらせてやる」と豪語《ごうご》する金正恩守護霊

石川　その件に関しては、今、トランプ大統領が、「日本もそろそろ自分たちで核を持ってもいいのではないか」ということも言っていますし、米軍基地のあるなしにかかわらず、日本が自助努力の精神で自分の国を守れるようになることは肯定《こうてい》していますす。ですから、環境《かんきょう》はまったく変わっていますね。

金正恩守護霊　トランプさんは、そらあ、北朝鮮が怖《こわ》いからね。北朝鮮に、ワシントンにＩＣＢＭ（大陸間弾道《だんどう》ミサイル）を撃《う》ち込《こ》まれたら、もうたまらんからさあ。自分の代で、初めて国内に撃ち込まれるっていうのはたまらないだろうからさ、日本と北朝鮮だけで独自にやってもらいたいっていう、まあ、そういうことじゃないの？　米兵ができるだけ死なないのがいいんだろう？「アメリカ・ファースト」なんだ。

石川　トランプ大統領の守護霊の計画では、「（北朝鮮との戦いは）三日で終わってしまう」とおっしゃっていますよ（前掲《ぜんけい》『緊急《きんきゅう》守護霊インタビュー　金正恩 vs. ドナルド・トランプ』参照）。

金正恩守護霊　（笑）まあ、大口を叩《たた》く……。こっちは一日で終わらせてやるわ。

ああ、一日だ。

石川　トランプ大統領は、本当にやるのではないかと思います。

金正恩守護霊　だから、ワシントンとニューヨークの上でねえ、あれだよ。水爆《すいばく》付きＩＣＢＭを空中爆破させたら、アメリカの機能なんか、もう、半年から一年は動かなくなるからね。まあ、あとはやり放題になるよ。フフン。

石川　今回は、そうする前に、アメリカからアクションがある可能性があります。

金正恩守護霊　日本はねえ、君たちの意見が全然通らないような国だから、何とかして改造してやろうと思って、今、私も協力を惜《お》しまないつもりなんだよ。

なぜ、朝鮮労働党創建記念日の翌日に来たのか

石川　ところで、委員長が今日を選んでこちらにお出《い》でになったのには、何か理由があるのですか。

金正恩守護霊　いや、昨日《きのう》（ミサイルを）撃たなかったから、君らは困っとるんだろう。「いやあ、昨日撃ってくれれば、もうちょっと選挙に使えると思うとったのに、撃ってくれなかったなあ」と。

こっちとしては、もう、花火大会みたいなものだからなあ。

石川　ああ。

金正恩守護霊　北朝鮮が撃ってくれれば、それを街宣《がいせん》でワアワアワアワアワアと言うけ

ど、「撃たんかったじゃないか」っていうと、左翼《さよく》が強くなるから、困っとるんだろう？　だから、まあ、ちょっと話をしてやろうかと思って、来とるんじゃないか。いや、（撃つ）用意はある。もう、いつでも撃てる。〝花火の準備〟はできているんだけどね。だけど、そのへんは、ちょっとよく見極《みきわ》めないといかんからさ。誰《だれ》かを利する、思わぬ人を利するといけないからさあ。そこは考えてるんだ。

石川　十月十八日からは、中国のほうで共産党大会がありますけれども。「中国共産党軍が北朝鮮に攻《せ》め込《こ》む」という噂《うわさ》に動揺《どうよう》している

金正恩守護霊　そうなんですよ。これが、今はねえ、ちょっと困ってるのよ。

石川　ああ。

金正恩守護霊　もう、「中国共産党軍が北朝鮮に攻《せ》め込《こ》んでくる」という流言飛語《りゅうげんひご》が飛び交《か》っとるのよ。

これは心理作戦の可能性がかなり高いと思うんだが、そういう噂《うわさ》を流すだけでも動揺《どうよう》するからさあ。わが軍も、ちょっと動揺するから。中国が攻め込んでくるんだったら、アメリカと中国の〝挟《はさ》み撃ち〟だから、いやあ、さすがに嫌《いや》だなあと思って。

この流言飛語が飛び交ってるからさ、これをちょっとねえ。やっぱり、君らはもうちょっと、中国に対する憎《にく》しみをストレートにぶつけたほうがいいよ。

里村　そういう飛語によって、朝鮮労働党軍、北朝鮮軍に動揺が起きているのですか。

金正恩守護霊　いやあ、だから、噂だけはちょっと出てるからさ。

里村　ほう。「トランプが北朝鮮を攻撃《こうげき》したら、中共《ちゅうきょう》はもっと武装するだろう」

金正恩守護霊　いや、習近平《しゅうきんぺい》が、あらぬことをいっぱいするからさ。やってはならない……、あんなにアメリカの言うとおりになるはずではない国であるのにさ、国際社会の一員になったような顔をちょっと見せようとしてる。

あれは、皮を剝《は》げば、本当は全然違《ちが》うんであってね。〝もっと大きな北朝鮮〟にしかすぎない国なのにさ。何だかなあ、うちを、おとりの餌食《えじき》にしようとしてるんじゃないかな。餌《えさ》みたいにしようとしてるんじゃないかなあ。

里村　おお。

石川　やはり、トランプ大統領に潰《つぶ》されるのか……。

金正恩守護霊　いやあ、トランプが攻撃《こうげき》したら、中共《ちゅうきょう》（中華《ちゅうか》人民共和国）はどうなるかっていうと、もっと武装は強化するわねえ。だから、君たちにとっては、もっと不利になる。

石川　でも、先に中国が入ってしまって、委員長としては、あとの政権のために実力行使をするか、あるいは、ロシアに逃《に》げるか、今、選択《せんたく》はこのくらいしかないのではないですか。

金正恩守護霊　うーん、だからさあ、向こうが強気でこう……、（『緊急守護霊インタビュー　金正恩 vs. ドナルド・トランプ』を手に取り、表紙のトランプ大統領の写真を指差しながら）トランプが強気で言っとるようにさあ……。もう、寿命《じゅみょう》が来てるんじゃないかと思うんだけどな。もうすぐ心臓発作《ほっさ》で死ぬんじゃないかと、私は思っとるんだが。私の一発で、たぶん心臓発作を起こすんじゃないかと思うが。

強気で、「三日で北朝鮮を壊《こわ》せる」とか言ってるけど、もしそんなことが起きるようだったら、中国は、もっともっとだよ。今の経済力で、日本に金を落としたり、いろんな海外に行って土地を買ったり、いろいろなことをしてるけど、その金を集めて、もっともっと軍事開発をやって、防衛しなきゃいけなくなるから、君らにとって、もっと不利になるんだよ？

石川　それは逆の考え方で……。

金正恩守護霊　「北朝鮮が強くて、アメリカでは脅《おど》せん」ということであれば、中国も安心だから、そんなに装備を拡大する必要はない。な？

中国軍がなだれ込《こ》んできたら、どうするのか

石川　その武力の格差が、技術的にもどこまであるのかを、この北朝鮮で見せつけられてしまったら、中国も少しおとなしくならざるをえないだろうと、トランプ大統領は考えているのではないかと思います。金正恩さんとまったく〝逆〟のことを考えているのではないでしょうか。

金正恩守護霊　だけど、水爆だよ、水爆。うちは、「中国を狙《ねら》って水爆を撃って、外れる」ということは、まず、ありえないんですよ。これは近い……、アメリカは遠いからねえ、多少、狙いにズレは出るかもしらんけど、中国を狙ってねえ……。

あなたねえ、北京《ペキン》で水爆が爆発してごらんなさいよ。彼らは迎撃《げいげき》できないですから。能力ないからねえ。それはものすごい被害《ひがい》ですよ。いやあ、そうしたら、北朝鮮が中国を占領《せんりょう》するということもありえるわけですよ、場合によってはね。

石川　いや、それは、可能性としてはありません。

金正恩守護霊　いやいやいやいやいや。

石川　そう思った瞬間《しゅんかん》に、その体制は倒《たお》れていますね。

金正恩守護霊　だって、中国は一発で倒れちゃうから。習近平《シージンピン》だって、もう蒸発してさ、水蒸気と二酸化炭素になってるんだからさあ。

里村　お言葉ですけれども、アメリカという民主主義国家の場合は、一発の水爆で多数の方が亡《な》くなれば、政権が倒れたりすることはありますけれども、極端《きょくたん》な話、中国の共産党政府の場合は、国民が何人死のうが、簡単に脅しに屈《くっ》したり、倒れたりはいたしません。

そうすると、北朝鮮の一発の水爆に対して、中国が持っている水爆の量というのを比べたときに、なかなか難しいところはあると思うのですが、いかがでしょうか。

金正恩守護霊　うーん。そうかなあ。だから、今ちょっと、中国軍がねえ、万一、なだれ込《こ》んでくるときのことを考えるとなあ、どういうふうに戦いをするのがいちばん効果的かが……。

里村　その部分に関しては、以前はそれほど強いプレッシャーにはなっていなかったのですけれども、かなり緊張は……。

石川　それは、もう戦えないですよ。いよいよ（最高指導者の座を）「降りるとき」なのではないですか。

金正恩守護霊　うーん、いやあ、これは脅しだと思うんだよねえ。だから、アメリカはミサイル攻撃をしてくる、中国は地上軍でなだれ込んでくるって言って、一生懸命《いっしょうけんめい》に脅しをかけて、それで、私のほうを何とかギブアップさせようとしてるんだろうなあとは思うんでなあ。

ちょっと効果的な戦い方を考えないといかん。日本をもう少し巻き込む必要があるんで、日本の政局と絡《から》めて、新しい手法を、今、編み出さないといかんのだよ、何とか。

4　米中同調に困惑《こんわく》しつつ、リベラル風の言葉を操《あやつ》る

「国際的条件によっては、一時的にミサイル実験を凍結《とうけつ》してもいい」

金正恩守護霊　でも、たとえ、君らの政党が躍進《やくしん》したところで、うちにとって、そんなにいいような気もしないんだけど。いいことはないんだけど、君ら。

石川　いや、でも、交渉《こうしょう》の窓口は立てますよ。

金正恩守護霊　まあ、君らがいちばん親しい仲であることは確かなんだけど、いちばん親しいが、〝いちばんタカ派〟であるような気もするしなあ。

石川　亡命でもして、命を長らえるということもできますよ。

金正恩守護霊　うーん……。

石川　今、正しい選択《せんたく》をお示ししているのは、幸福実現党しかないのではないでしょうか。

金正恩守護霊　うーん……。

石川　やはり、中国もトランプ大統領も本気ですし。

金正恩守護霊　だから、ちょっとねえ、今、条件を出して、国際的にその条件が守られるっていうんだったら、うちも「一時的に核《かく》を停止する」とか、「一時的にミサイル実験を凍結《とうけつ》する」っていうことはできるけど、条件がなあ。

石川　「一時的」というのは、いけないのではないでしょうか。

金正恩守護霊　それは、一時的では……。一年も待てるわけないじゃない。だから、一時的……。

石川　やはり、「永久に」ということが条件ですね。

金正恩守護霊　いや、それはないよ。

石川　それはないのですか。

金正恩守護霊　うちの「永久に」っていうのは、せいぜい「一年」のことだから。

石川　（苦笑）

里村　うわあ。

金正恩守護霊　それは無理ですよ。

石川　でも、世界は、一九九三年から約二十五年間も騙《だま》され続けていますからね。

八方塞《はっぽうふさ》がりで「困った」と発言する金正恩守護霊

金正恩守護霊　だから、政権が替《か》わるのねえ。今、習近平《シージンピン》も、次もまた続投できる

1993年に北朝鮮が「核拡散防止条約」からの脱退を宣言。国際社会に緊張が高まるなか、翌94年に同国を訪問したカーター元米大統領（中央）は金日成国家主席と会談し、核開発凍結の合意に至った。

かどうかがかかってるときだからさ。これが、（十月）十八日以降から起きること なんだろう？　だから、こっち（中国）にも政治があるわけよ。次の指導者をめぐ ってのあれがあるから。

ここ（中国）と日本と両方に、今、政権変動の可能性があるからさ、すごく動き にくい感じはあるんだよなあ。

中国の側だったら、習近平のアメリカ寄りの考えに反発する考えが、当然、なか にあるはずなんで、そちらのほうを引き出してこなきゃいけないわけなんだよ。

里村　ああ……。

金正恩守護霊　そのへんを、ちょっと今は、軍事的に作戦を考えないといけないいん だけどなあ。だから……。ウッ、ゴホン！（咳払《せきばら》い）

石川　金委員長のいちばん弱いところとして、やはり、国に「経済力がない」という部分があります。

アメリカと中国の関係も、軍事力だけではありません。トランプ大統領は経済的な才能が高く、中国は、アメリカから経済的なところもかなり武器にされて締《し》めつけられているので、今回は逃《に》げられないでしょう。もう、この方向に入ってしまいましたよ。

金正恩守護霊　うーん、だから、今ちょっと、ロシアのほうでね？　打開しようとして、ロシアのほうとやっとるんだけど、ロシアもなんかなあ。プーチンさんとあんたがたも、なんか仲がよさそうな感じなんで。

変な国だな。じゃないわ、変な政党のような、宗教のような。プーチン、ロシアのほうも、わりあい、あなたがたのところを頼《たよ》りにしてるようなところもあって。

石川　いや、ですから、「逃げたい」というのであれば、その声を伝えてもよろしいですよ。

金正恩守護霊　うーん。いやあ、ロシアも、ちょっと、まだ分からないんで。（北《きた》朝鮮《ちょうせん》を）〝売る〟かもしらんから。

石川　〝売る〟かもしれない？

金正恩守護霊　うーん、売るかもしれない。うん。売る。だから、やつら（ロシア）は、そこまではまだ信用できない。あっちも売るかもしれないので。だけど、今の感触《かんしょく》から見ると、われわれのために、アメリカや中国と戦おうなんていうところまで踏《ふ》み込《こ》む気はなさそうな気はするんで。うーん。ちょっと困ったなあ。

幸福の科学にリベラル風の発信を要求する金正恩守護霊

里村　以前から、金正恩委員長の守護霊様からいろいろなご意見を伺《うかが》ってきましたけれども、今の石川理事長とのお話から察するに、やはり、トランプ大統領によって、事実上、〝賞金首《しょうきんくび》〟をかけられ、それをめがけて、中国、ロシアからの圧力が徐々《じょじょ》に徐々にきつくなってきているので、何とか日本に逃げ道を一つつくりたいというお考えがあるということですか。

金正恩守護霊　「トランプがあれほど強硬《きょうこう》にしてるのは大川隆法の意見だ」っていうあれはあるから。情報筋《すじ》としてはね？　そっちへ影響《えいきょう》が出てるというのがあるし。安倍《あべ》があれだけ根拠《こんきょ》なくタカ派をやってる理由は、やっぱ、あんたがたがいろいろ言ってることによるんだという説もあるから。

だから、あなたがたが、こう、コロッと手のひらを返すようにですね、「北朝鮮がかわいそうじゃないか。弱い者いじめするな」と言い出したらさあ。街宣《がいせん》もそうしたらいい。「北朝鮮、いじめるな」と。

石川　いえ、私たちは「北朝鮮のことがかわいそうだ」と思っているんですよ。

金正恩守護霊　そうでしょう？　だから……。

石川　「金正恩委員長の下《もと》にいる二千万の国民はかわいそうだな」と。だから、金正恩委員長が退《の》いてくれることを、今、世界に訴《うった》えているわけです。

金正恩守護霊　だから、今の選挙期間中はね、意見を訴えるチャンスなんだよ。

石川　チャンスです。

金正恩守護霊　君ら、街頭でねえ？（里村に）君、真《ま》っ赤《か》な顔、赤鬼《あかおに》みたいになってるんだからさ。街頭で、「かわいそうな北朝鮮を攻撃《こうげき》するのはやめましょう！」って言ったら、君らのタカ派イメージは一掃《いっそう》されてな。「アジアの同胞《どうほう》を守れ。アメリカ侵略《しんりゃく》主義、反対！」って言って、沖縄《おきなわ》とか、そういう各地の基地問題とか、核、原発反対運動をやってる人たちと合同してやれば、票がある程度取れる可能性はあるわな。

里村　なるほど。ただ、今、石川理事長が言ったように、コロッと変わるべきなのは幸福実現党ではなく、北朝鮮側、金正恩委員長のほうこそコロッと変わっていく必要があるんです。

金正恩守護霊　いやいや、そちら、簡単じゃないか。コロッと変わる。そちらは、もう、〝全体主義体制〟じゃない？　だから……。

石川　こちらは「神の正義」の体制です。

金正恩守護霊　いやあ、だから、理事長がその気になれば、米の五十万トンぐらい、すぐ送れるでしょう？

石川　いや（笑）。五十万トンの米を送っても、金正恩委員長の口に入ってお太りになって、テレビ報道等を観《み》ると、国民のみなさん、みな、お痩《や》せになっていますからね。この体制では送れません。

金正恩守護霊　いやあ、だから、そのねえ？　うーん、自衛隊のヘリコプターに、爆弾《ばくだん》の代わりに米俵《こめだわら》を積んで、パラシュートを付けて上空から落としてくればいいわけよ。私たちもそのときは撃墜《げきつい》を見送るから。
それを言ったら、すごい話題になるよ。

石川　ええ。それを私たちがやってもいいですよ。

金正恩守護霊　お、やってもいいんだ？　あんた、「いいです」って言ったら、それ、言葉が残るんだよ。

石川　もしそれを実行したら、実際に国民が食べているかどうか、マスコミの人が現地へ行って取材をして、「おいしかった」と言ってもらえるかどうかですね。そこまで条件がつかないと。

金正恩守護霊　お金が余っとるそうじゃない、日本は。お金が余って余って、困ってるって。使い途《みち》がないんだろう？

石川　いや、財政赤字が大変です。

金正恩守護霊　だから、それはねえ、北朝鮮に投資すべきですよ。インフラ整備にね？　これに投資すればいいよ。

石川　日本は戦前にもずいぶん投資しましたよ。

金正恩守護霊　うーん、いや、もう一回やったらいいんだよ。やらせてあげよう。だから、もう一回やれば、投資先として、ねえ？　ここにねえ、豊かな工業・商業の国が出来上がったら、事実上の君たちの友好国家がアジアにできるわけだし、脅《きょう》威《い》もなくなるわけじゃないか。

だから、強力な支援《しえん》を打ち出して、まずは友情を示さないといかんわな。

里村　いえいえ。

「米中が組んだのは、あってはならないこと」

金正恩守護霊　だから、「北朝鮮にこれだけの支援をしよう」と。「宗教家の立場から見ても、アメリカの侵略は、これ以上、やっちゃいけない」と。「もう、いくら何でも、地球の裏側からＩＣＢＭを撃《う》つなんて、そんなバカなこと、やっちゃいけない」と。

「グアムだって、（アメリカの）植民地になって、取られてるだけじゃないか」と。アジアの植民地からねえ、北朝鮮攻撃のＢ１Ｂ何だか、爆撃機だか何か知らんが、そんなものをねえ、グアムから飛ばして、北朝鮮を爆撃する正当性なんか、まったくない。

アジアの国を植民地にしてるのはアメリカであって、うちが植民地をつくってるわけじゃないんだから。

うちの核兵器武装だったら、もう、専守防衛なんだから。これ、アメリカに攻撃されるときのための専守防衛なんだからさあ。

日本には核兵器はないんだから、ある意味で、日本を守ってやってるんだ、われわれがね。万一《まんいち》のとき、日本が理不尽《りふじん》なことをされて、アメリカに陵辱《りょうじょく》されて、奴隷《どれい》化された場合には、私たちが〝解放軍〟になって、なだれ込むことができるわけだからね。

だから、お金さえちょっとくれればね、私たちだって、もっと船もつくれるし、上陸用舟艇《しゅうてい》もつくれるし、タンカーもつくれるんだからさあ。

ここでやっぱり、そうは言っても、日本は旧宗主国《きゅうそうしゅこく》なんだから、「うちが面倒《めんどう》を見ます。代わりに交渉は全部、一手に引き受けますから」ということで、「もう欧《おう》米《べい》はもう口を出すな。先の第二次大戦で侵略されて、日本も、えらい目に遭《あ》った」

と、そういうことが二度とないようにしてもらいたいし。

アメリカがまた、中国を攻撃してもいけないし、北朝鮮攻撃の実績があれば、次はやられるかもしれないんだから。中国は、ここで今、アメリカの協力をして北朝鮮を共に倒《たお》したりしたら、次はねえ、「自分の唇《くちびる》を取って、歯が丸出しになった状態」になるわけだからさ。絶対やっちゃいけない。

その意味では、習近平は、もう、失脚《しっきゃく》しなきゃいけない、これね？　これだけアメリカに政治的・外交的に攻《せ》め込まれたんで。これはねえ、きっと、フロリダで〝ハニー・トラップ〟にかかったのよ、あれな。間違《まちが》いない。フロリダ美人か何か抱《だ》かされたに違いないでしょう、もうほんと。

石川　うーん。

金正恩守護霊　だから、今回は、あれ（習近平）も落ちてほしいぐらいなんだ。落ちてほしいか、暗殺？　「習近平斬首作戦《しゅうきんぺいざんしゅ》」っていうのを、できたら、中国国内でやってもらいたいなあ。
うーん、だからね、「アメリカと中国が組む」なんていうことは、あってはならないことですよ、うん。

石川　今日は、ずいぶんと愚痴《ぐち》に近いようなことをおっしゃいますね。

金正恩守護霊　いやあ、今日は、ちょっと頭がなあ、何かすごく回ってねえ、何かこう、軍師みたいに頭が回って、諸葛亮孔明《しょかつりょうこうめい》よりずっと賢《かしこ》いような気がしてしょうがない。

石川　うーん。

リベラル風に「朝日《ちょうにち》の軍事同盟」「韓国《かんこく》も米国から解放」と語る

里村　そうしますと、今、金委員長から石川理事長に、そうした国際社会の流れを変えるために出せる譲歩《じょうほ》案というのは、どういうものなんですか？

金正恩守護霊　（石川に）あんた、理事長だろう？　だから、「幸福の科学理事長」と書いてさあ、そして、放送局の前に立って、ガッと足を張って、ゴリラみたいに立って、「北朝鮮は、アジアの同胞である。北朝鮮をアメリカが核攻撃をするのには反対である。三日で潰《つぶ》すなんて、とんでもないことである。そんなことをしては、米軍基地は日本から一個も減らない。もっと増えるだけだ。アジアに増えるだけである」と。

「今こそ、北朝鮮に月五十万トンの米の供給と、石油、その他のエネルギーを供給すべきである。無償《むしょう》援助をすべきである。もう、日本はとっくにゼロ金利、マイナス金利になっているんだから、金の使い途を間違ってはいけない。だから、フィリピンとかベトナムとかに投資しないで北朝鮮に投資して、北朝鮮が民主化できるためのインフラ基盤《きばん》を強化すべきである。そうであれば、彼らだって、そんなに戦争のことなんか考えずに済み、日本と友好関係を結べば、アメリカは戦わなくて済むということが分かるはずだ」と。

こういう論点から来たら、NHKだって放送せざるをえないでしょう。

石川　では、私がそれをやったとしたならば、金委員長はどうされるのですか？

金正恩守護霊　うん、何が？　まあ、「日本では、まともなことを言う人が出てきた」と、こういうふうに言うかもしらん。

石川　いやいやいやいや。もし、私がその条件を呑《の》んだら、金委員長はどのように変わられるんですか？

金正恩守護霊　だから、「北朝鮮ファースト」からね、米日の軍事同盟、平和条約、これを結べる……。

里村　「米朝」のことですか？

金正恩守護霊　あ、米朝……、まちが……、ちゃうちゃうちゃう！

里村　「日朝」ですね？

金正恩守護霊　いや、「朝日《ちょうにち》」だ。間違えた。朝日の軍事同盟を結んで、次は、韓《かん》国《こく》も米軍から解放してやらないといかんからね。韓国も解放圧力をかけて、朝日で、挟《はさ》み込んで、韓国からも米軍基地を撤去《てっきょ》。米海兵隊はいないかもしらんが、米軍の戦闘機《せんとうき》とか爆撃機とかあるから、まあ、こういうのを撤去。

で、次は、やっぱり、グアムから撤去。ハワイに返して、最後は、「ハワイも元の日本に返してやれ」ということだよね。結局、真珠湾《しんじゅわん》を戦争で取りたかった日本の思いを遂《と》げてやれということで、日本人はハワイ大好きだから、日本に返してやれということで。

カリフォルニアに山火事が起きないように、カリフォルニアの山の木を全部切り倒して耕し、あそこに、植民地の代わりに自分たちの核シェルターをいっぱいつくりながら、集合住宅をつくりゃあいいんだよ。な？　北朝鮮の攻撃に備えて核シェルターをつくりゃあいい。うん。

石川　何だか、あまり交渉のテーブルには乗りたくない提案ですね（笑）。

金正恩守護霊　そうかなあ。でも、こう言ったら、日本のマスコミは左翼《さよく》がほとんどだから、けっこう乗ってくると思うなあ。素晴《すば》らしい提案。ノーベル平和賞、可能性はあるよ、これ。

石川　うーん……。ないですね、それは。

金正恩守護霊　いやあ、幸福の科学を世界に知らしめ、ノーベル平和賞を取るべきで、そのために、やっぱり、「アジアにもう二度と核ミサイル、核爆弾を落とさせてはならない」と、こう、ガーン！　と言い張ってね。「日本が盾《たて》になって、北朝鮮を守る」と言ったら、みんな、感動するんじゃないかなあ。

石川　うーん。実のところはどうなんでしょうか。

「トランプ出現後に周りを埋《う》められている」とこぼす

石川　先般《せんぱん》、金委員長の守護霊様は八月二十九日に幸福の科学に来られて、トランプ大統領守護霊との対決がありましたけれども（前掲《ぜんけい》『緊急《きんきゅう》守護霊インタビュー　金正恩 vs. ドナルド・トランプ』参照）、そのときはかなり強気でご発言なされていたのに、今日は強気を感じません。かなりお困りになっているというのが正直なところですか。もう、手がないと？

金正恩守護霊　うーん……、ただ、ちょっと、中国がねえ、一カ月や二カ月で、そんなに急に「アメリカ寄り」に変わるっていうのは、ちょっと何か……、いや、ありえないことなんでなあ……、うーん。うーん……。うーん……。もう、おかしいなあ。うーん……。

だから、君たちのね、せっかく説いてきた教えが無駄《むだ》になるからさあ。そういうふうに……。

石川　（笑）何が無駄になるんですか？

金正恩守護霊　〝宗旨《しゅうし》〟が。いやあ、だから、せっかく、「北朝鮮の危機、中国の危機」と言って、政治的運動をずーっとやってきたのにさあ。中国はアメリカになびいて？　アメリカの言うとおりになって？　で、北朝鮮は牙《きば》を抜《ぬ》かれて、危機がなくなる、みたいなことだったら、君たちがかわいそうじゃないか。予言者として迫《はく》害《がい》を受ける可能性がある。

里村　いえいえ。もう、でも、今日発売の日本の雑誌にも、「習近平は、トランプの取引に、見事に絡《から》め取られた」というような論文が出ています。

確かに、十月十八日からの中国共産党大会で、習近平氏がさらに権力を固めるならば、北朝鮮・金正恩委員長としてはますます苦しいという状況《じょうきょう》があると。

金正恩守護霊　うーん……。いや、中国にとって不利なことは……、北朝鮮が滅《ほろ》びたら、中国にとっては不利なはずなんだがなあ。

石川　だから、それでも生き延びることを考えているんでしょうね。それは、今、中国の経済状況が思っている以上に厳しいからですよ。

金正恩守護霊　うーん……。

石川　トランプ大統領が、「アメリカ・ファースト」で、アメリカに資金をどんどんどん入れようとしていますから、これまでは世界のお金が中国に行っていたものが、今、すべてアメリカに回っていますからね。これは中国だって厳しいですよ。かなり厳しい。これを交渉条件にされていますから。

金正恩守護霊　アメリカの民主党とマスコミはロシアに対して厳しいんだけど、トランプは個人的には「ロシアのプーチンと仲良くしたい」と思ってるから、マスコミのほうがそれを攻撃しているという不思議な現象が起きておるんだけど。プーチンのほうが、「トランプとなら組める可能性がある」と思ってるから、煮《に》え切らないんだよな？

石川　うーん。

金正恩守護霊　だから、ほんとに、アメリカと仮想敵になって戦うっていうんならあれなんだけど。まあ、オバマからヒラリーの流れだったら、ウクライナ問題のところを通してＥＵと一体になって、ロシアと戦うような姿勢を取ると思ってたのにね。

トランプのほうはプーチンとは個人的にちょっとウマが合う感じだし、安倍も一生懸命《いっしょうけんめい》、トランプにすり寄ったり、プーチンにすり寄ったり、何か節操もなくしておるからさあ。だから、うまいこと周りを埋《う》められてきつつはあるんで。

5 「金正恩後の北朝鮮《きたちょうせん》の体制」はどうなるのか

妹を重職に就《つ》けたのは、「正統後継者《こうけいしゃ》は残っている」という主張のため

里村　今、国際的な堀《ほり》が埋《う》められているということで、海外についての話をされましたけれども、もう一点、国内での大きな変化としては、先日、金委員長の妹さん（金与正《キムヨジョン》氏）を北朝鮮《きたちょうせん》の実質的なナンバーツーにされたことです。

金正恩守護霊　うーん。

里村　今までの北朝鮮では決して見られなかった動きです。これ自体を見ると、もはや側近が信じられない状態になっているなかで、今回、身内中の身内をナンバー

ツーに就《つ》けられたと。やはり、こういうふうに見るべきではないかと思うんですけれども、内部の事情はいかがですか。

金正恩守護霊　うん、まあ、それはあるけども、金正男《キムジョンナム》の暗殺事件で、あれで怒《いか》り心頭《しんとう》の人がいることはいるので。あの息子《むすこ》（金漢率《キムハンソル》氏）がおる、な？

里村　はい。

金正恩守護霊　あの息子を、親父《おやじ》に代わってなあ、次の北朝鮮の傀儡《かいらい》政権につけて、今のを崩壊《ほうかい》させて、ここに傀儡を持ってくるっていう案を提示したら、「アメリカと中国がそこで妥協《だきょう》できて、北朝鮮の軍部から朝鮮労働党のところを説得できるんでないか」っていう、そういうＣＩＡ的な動きがかなりあるんで。

里村　はい。ええ。

金正恩守護霊　北朝鮮の人間がトップになって統治できるなら、「上をすげ替《か》えるだけで生き残れるんじゃないか」という希望を持たせることで、骨抜《ほねぬ》きにしようとしている可能性があるんでね。

石川　うーん。

金正恩守護霊　だから、妹のところも置いとかないと、万一《まんいっ》のときに備えて。それもありえるので。うーん。

里村　なるほど。正統後継者《こうけいしゃ》というか、そこの確保ですね？

金正恩守護霊　「まだ残ってる」という。

里村　はあ。確かに、金正男氏には二人の妻がいますけれども、金委員長のおっしゃったとおり、今、その奥様《おくさま》の一人と長男を、アメリカが保護しています。

金正恩守護霊　そうなんだよ。だから、親父（金正男氏）を傀儡にされるのが困るから、この前、ＶＸガスで？　ちょっと殺したんだけど。

里村　はあ……。

金正恩守護霊　うまいこと殺したんだけど。アメリカから金までもらったからねえ。千何百万も金をもらったりしたから、まあ、殺されてもしょうがないと思うんだよ。あれだと、もうほとんどスパイだよなあ。スパイなんで、スパイに国を譲《ゆず》るわけにいかんから、殺《や》ったんは殺ったんだけど。まあ、陰謀《いんぼう》、ほかの国の人を使ってやったから、今、立証できなくて、裁判はどうなるか知らんけどさあ。

ただ、ここを殺しとけば、「傀儡はない」と思ったけど、子供、息子のほうを使おうとしてるという。これも流してるんだ。だから、「中国軍が攻《せ》め込《こ》んでくるぞ」って、わざとなあ、あと、「正男の息子が後継者になる」っていう噂《うわさ》を流されると、国内がちょっと動揺《どうよう》するんでね。

里村　ああ……！

金正恩守護霊　そっちも殺さないといけないんだけど、ちょっと、今、なかなか〝手が出せない状態〟になってる。

里村　そうすると、今年二月の金正男氏の暗殺が、今になって、思わぬ影《かげ》となって……。

金正恩守護霊　学生ぐらいでしょう？　あのくらいの人が後《あと》を継《つ》げるとは思ってなかったけど、私も若いからさあ、「若くてもできるかもしらん」という、まあ。

石川　今、国際政治のテーマとしても、すでに、「金委員長のあとの体制をどうするか」ということを、アメリカも中国もロシアも話し合っているというのが事実でしょう。

金正恩守護霊　そうなんだ。うーん、だから、そう、そうなんだよ。
　衆院選では、リベラルが勝ったほうがいい

金正恩守護霊　日本はねえ、選挙がまだちょっと残ってるからさあ。これでちょっと、マスコミのほうで立憲民主党というのが、人気、けっこう高いようじゃない？ これに小池《こいけ》のところを倒《たお》させて、自民党をガクッと落としたら、次、安倍《あべ》も辞《や》めるから。で、共産党なんかも伸《の》ばして。それで、日本は米朝戦争にかかわらないっていうような感じの？ 国際紛争《ふんそう》にまったくかかわらないっていう、戦後の体制に、ちょっと戻《もど》したほうがいいよ。

だから、共謀罪にあれだけ反対してたよなあ、野党で。

里村　そうすると、話は少し横道にそれるんですが、金委員長としては、今回の日本の選挙に関しては、やはり、立憲民主党や共産党などの、そうした「左」、あるいは「リベラル」の勢力が勝つほうが望ましいと？

金正恩守護霊　それは、憲法を護《まも》っといてくれれば、日本はもう、毒にも薬にもならない状態だし、〝ノーカウント〟でいいからさあ。

里村　はい。

金正恩守護霊　だから、日本だってアメリカにこれだけ侵略《しんりゃく》されてるんだから、その事実をマスコミがちゃんと報道すれば、事実が明らかになるわけだから。「沖縄《おきなわ》の世論《せろん》を全国に」っていうことで、そういう政党をつくれば、けっこう票を取れるかもしれない。

里村　そうしますと、左翼《さよく》リベラル勢力に投票する方は、実質的に「北朝鮮支援《しえん》勢力」になるということなんですね？　今回の選挙では。

金正恩守護霊　いやいやいやいや。それはねえ、「国際正義を応援する」ということになるよね。それは、ノーベル平和賞に近い道だからね。

里村 （笑）

金正恩守護霊 君たちがノーベル平和賞を取るのは、この道しかない。「この道しかない」と、こう……。

里村 それは、金委員長の考える国際正義ですね。なるほど。

金正恩守護霊 うーん。いやあ、君たちがこれだけ苦労されてるのにさあ、何と言うか、君たちのそのいいところだけを、安倍とかに持っていかれてるのがかわいそうでしょうがないんだよな。

里村 いや、石川理事長が先ほどから述べていますように、苦労だなどとは思っていません。「世界の平和・繁栄《はんえい》のための努力だ」というふうに受け止めていますから。だから、全然、そんなことは……。

金正恩守護霊　信者のみなさんがたの尊いお布施《ふせ》をねえ、そんなの、マスコミに無視された選挙戦に注《つ》ぎ込んで、もったいないんじゃないですか。やっぱり、そのお金をお米に換《か》えたり石油に換えて北朝鮮支援等をやったら、宗教団体として、国際的にすごく群を抜いた活躍《かつやく》が見えないか？

だから、そういう「中立線」をつくって、バーッと持ってくるとかしたら、すっごいことになるよ。うん。

「八十歳《さい》まで体制を維持《いじ》したい」――これが条件

石川　それでは、もう一度原点に戻るんですが……。

金正恩守護霊　救世主だろう？　だから、救わなきゃいけない。

石川　金委員長は、今の状況下《じょうきょうか》で、「核《かく》兵器の開発をやめる」という考え方はおありですか、ないですか。

金正恩守護霊　だから、私の「やめる」っていうのは、「ちょっとだけ見合わせる」っていうことだけどね。だけど、「やめる」というのは、言うことは可能ですよ。だって、「約束を破る」のはいつもやってきてることだから。

石川　そうそう。もう、二十五年も騙《だま》されていますからね。

金正恩守護霊　うん。ああ、うーん。だから、その、いやあ……。

石川　それについて、国際社会としてはどう担保《たんぽ》できるのでしょうか。

金正恩守護霊　うーん、だから、君たちがそれを保証すりゃいいじゃん。

石川　いや、それは保証できないです（笑）。

金正恩守護霊　連帯保証すりゃあいいじゃん。「霊言《れいげん》でそう言った」って言うて。

石川　でも、それは無理ですね。この会話においても無理ですね。

金正恩守護霊　いやあ、トランプが心変わりするか、失脚《しっきゃく》するか、死ぬかした場合は、また復活できるからね？　ああ。

石川　うーん。今の状況においては、金委員長が降伏《こうふく》されるのか……。

金正恩守護霊　いやあ、とりあえず核開発を表向きは凍結《とうけつ》し、ミサイル実験についても当分は凍結するという〝見返り〟で、「どれだけの、われわれを保証する条件がつくれるか」っていう、そのへんを、今、もう外務省に代わって交渉《こうしょう》に来てるわけじゃないか。

石川　うーん……。なかなかテーブルにつかないですね。

金正恩守護霊　まあ、君たちの外務省も使えなくて、全然機能しないからさあ。

石川　つい先日も、大川隆法総裁は説法《せっぽう》のなかで、「安倍首相が、『二十五年間、北朝鮮との交渉のなかで騙され続けてきた。もう騙されることはない。金委員長のほうの政策を変えるべきである』と述べているのは正しい」というようなことを言われていました。それについてはどうですか。

金正恩守護霊　いやあ、それは初代、二代のときの話であって。

石川　いや、三代もさらに……。

金正恩守護霊　私は別に何も約束していませんから。先代の約束であって私の約束じゃないから。私は「別の個人」ですからねえ。それは、私と約束しなきゃ。

だから、今、アメリカはね、「ハリケーン」と「山火事」でたいへん苦労なさってるからね。それから、集団への「乱射事件」とかねえ。あんなんで、米国民が反乱を起こして何百人も撃《う》ったりしてる。だから、国難ですよね。すごい国難。あっちも国難なので。

その国難のアメリカに、これ以上被害《ひがい》を出さしてやりたくないという愛の思いからね。神の心でもって、「やっぱり、アメリカは、もうちょっと国内のことに集中して、アジアのことは日本に任したほうがいいんじゃないか」と。

石川　うーん。

金正恩守護霊　だから、「日本は今、幸福の科学っていう偉大《いだい》な宗教が出てるから、上手に丸めてくれるから」ということで。まあ、こっちに持ってくりゃあいいじゃないですか。

里村　ただ、皮肉なことに、アメリカで起きている国難のようなものが、逆に、トランプ大統領のリーダーシップについて、国民が評価を高める方向に動いているという現状があります。

金正恩守護霊　うーん……。

里村　それで、先ほどから申し上げていますのは、もう少し、金正恩委員長のほうから、「ミサイル実験の凍結、あるいは核開発の停止、あるいは廃棄《はいき》に対して、見返りとして何が欲《ほ》しいのか」といったところを具体的にお聞かせくださいということです。

金正恩守護霊　ああ、もちろん、「体制の維持《いじ》」ですよね。

里村　今の金正恩委員長体制の維持ですか。

金正恩守護霊　八十歳《さい》ぐらいまで私はやりたいとは思うとるから、あと四十五年ぐらいは体制を維持するっていうねえ。まあ、四十五年っていうのは中途半端《ちゅうとはんぱ》だね。だから、「五十年間は北朝鮮の今の体制を保証する」って、そういう一札《いっさつ》は欲しいわねえ。

だから、「斬首《ざんしゅ》作戦の取り下げ」は言わなきゃいけないし、「金体制で行く」ということを、やっぱり保証してもらいたいなあ。

石川　もともとアメリカは、その体制変換《へんかん》は望んでいないと言っていたはずですけれども。

金正恩守護霊　うん？

石川　体制変換は望んでいないと、この半年間もずーっと……。

金正恩守護霊　アメリカは嘘《うそ》つきだから、それは分かんないよ。だから、君らが唆《そそのか》すからさあ。その守護霊の霊言（前掲《ぜんけい》『緊急《きんきゅう》守護霊インタビュー　金正恩 vs. ドナルド・トランプ』参照）を読んだかどうか知らんけど、急に何かアメリカは、「倒す」とか、「選択肢《せんたくし》は一つしかない」とか言い始めたからさあ。

石川　それは、委員長がその条件を呑《の》まずに、核は開発するわ、ミサイルは飛ばすわ、ご自分でされてるからですよ。ですから、トランプさんは、「これは駄目《だめ》だ」ということで、ディシジョンメイキング（意思決定）をされたんじゃないですか。

金正恩守護霊　だから、アメリカが受けるフェイバー（利益）としてはだねえ……。まあ、「ワシントンやニューヨークや、そういう重要都市に対して直接の核攻撃《こうげき》をしない」、あるいは、「上空での核爆発《ばくはつ》による電磁パルス攻撃はやめる」、「グアムの島民を皆殺《みなごろ》しにはしない」というふうな、そういう条件で彼らが有利になるじゃないですか。

石川 (苦笑)

金正恩守護霊 グアムは今、すごい怯《おび》えてて、観光客はもう来ないだろう。いつ撃ってくるか分かんねえんだから。ハワイも危ないね、次は。ハワイも観光客がゼロになるから。だから、ハワイとグアムは両方とも干《ほ》し上がるわなあ。

里村 ただ、かなりハードルの高い条件かなあ、と。

金正恩守護霊 そうかねえ。

里村 ええ。提示される条件としては。

金正恩守護霊　私たちは、「そっちへ撃つのはやめてやろう」と言ってるんだ。撃つのは、日本海と、日本海越《ご》えの、まあ、アメリカに関係のない公海だけにすると。

6　日本のリベラル風の主張の裏に透《す》けて見える本心

「憲法九条があるかぎり、日本を攻撃《こうげき》しない」とうそぶく

里村　太平洋上の水爆《すいばく》実験なども口走っておられましたけれども。

石川　次は何をお考えですか。

金正恩守護霊　うーん、準備としてはねえ、いちおう約束はしたから。「グアム方面への四発発射」っていうの、これ、約束してるから。

里村　ほう。

金正恩守護霊　準備はできている。いつでも撃《う》てる。

それから、次は「新しい」のを、ちょっと見せないと面白《おもしろ》みがないだろうから、君らもね。やっぱり、潜水艦《せんすいかん》からの発射実験で、日本の太平洋岸にいる米軍艦隊でも攻撃《こうげき》できるところを少し見せる必要があるかなあ、と。

石川　うーん。

金正恩守護霊　まあ、いずれにしても、日本列島越《ご》えはするけれども、何て言うか、「日本は憲法九条を守っているかぎり、日本を直接は攻撃しない」と。このへんで、日本の左翼《さよく》リベラルと共闘《きょうとう》することは可能だな。

だから、いよいよ、共産党の志位《しい》委員長が日本の首相になる日が来るか、(立憲民主党の)枝野《えだの》が首相になるか。まあ、そういうところかなあ。

石川　うーん。

金正恩守護霊　安倍《あべ》にしても、希望の党の小池《こいけ》にしても、両方とも北朝鮮《きたちょうせん》を敵視する政策であることには変わりないので。こういう、両方に分けることで「左翼系を虫食《むしく》ってやろう」としてる作戦みたいなのを立ててるのなら、これはよろしくないことだなあ。

幸福の科学とうちは、〝フレンド〟だからねえ。友達だからさあ。まあ、話し合いでまだまだ変わる余地はあるんだから。

少なくとも、総裁のところに夜《よ》な夜な私が来て、毎日、お願いされたらさあ、宗教だったら、やっぱり聞いちゃうでしょう?

石川　（苦笑）まあ、聞くだけは聞いているわけですね。

金正恩守護霊　ええ。もう、ほかの仕事ができなくなるじゃない。

石川　ですから、そろそろ内容において、お考えを変えるときが来ているのではないかなと思うんですよ。

金正恩守護霊　やっぱりね、宗教として筋《すじ》を通すべきだよ。日本はねえ、アメリカに核《かく》を二発、爆弾《ばくだん》を落とされてね、東京も焼夷弾《しょういだん》でさんざん焼かれまくったんだよ。これを北朝鮮でやろうと、今、思ってるわけだから。「アジアの地を、再び〝核兵器の実験場〟にするということは、宗教的にも絶対許されないことである」ということを言ってほしいんだなあ。あと、（投票日まで）まだ十日ぐらいあるだろう？頑張《がんば》れよ。

里村　私どもは、金委員長の力をお借りせずとも、平和への努力はやるつもりではおります。ただ、今、「宗教として筋を通せ」とおっしゃいましたけれども。

金正恩守護霊　そうなんだ。

里村　どうか、金委員長には、「指導者としての筋を通していただきたい」と思います。例えば、「国民を守るために、北朝鮮という国を存続させるために、あえて身を退《ひ》く」という考え方はございませんか。

金正恩守護霊　いやあ、そんな無駄《むだ》なことをする必要はない。

里村　無駄なこと？

金正恩守護霊　日本は、ただただ憲法九条を死守すると。この姿勢さえ守っておれば、どっからも攻撃されることなく……。

里村　いやいや、日本ではなくて、金委員長です。

金正恩守護霊　えっ？

里村　金委員長が、今、差し迫《せま》った北朝鮮の状態を打開するために自《みずか》ら身を退く。あるいは、国際社会に身を差し出すという覚悟《かくご》でもって国民を守り、国を守るお覚悟はありませんか。

金正恩守護霊　いや、それは難しいことだよ。君がダイエットをするのが難しいようにね、私もダイエットすることは難しいんで。「身を削《けず》る」ことは、なかなかできないんだよ。

里村　身を削ることはできない？

金正恩守護霊　分かるだろ？　できないだろう？

里村　いや、できます。

金正恩守護霊　だからさあ、「痩《や》せたい」と思ってもさあ、足を怪《け》我《が》してて、もう痩せられないのよ。美女がご飯《はん》をいっぱい出してくれると食べちゃうよなあ。

里村　とにかく、「今の地位と生活を捨てたくない」という気持ちがおありなんですね。

金正恩守護霊　それは、守ってもらわにゃいかんわなあ。だから、こんなにねえ、私ほど優秀《ゆうしゅう》な、もう「天才」というか、ほんとにねえ、「王政」でもって神が降臨したような存在だからね。それは民主主義では選べないんだよ。民主主義から英雄《えいゆう》は生まれない。な？　私らみたいに、〝王権神授説《しんじゅせつ》〟的に天から神が降りてくる以外は。これは最高だからね。

「水爆《すいばく》を持った北朝鮮《きたちょうせん》は、常任理事国と同等だ」と強弁する

石川　今日のその言いぶりを通そうとすると、先日、トランプさんが言った、「たった一つのことだけが、あなたには効果があるのだ」という言葉を肯定《こうてい》することになりますよ。

金正恩守護霊　いやあ、でも、トランプさんは、その内容について何も言ってない

から。

石川　ええ、言ってはいません。

金正恩守護霊　「朝米戦争が始まる前に、私（トランプ）の寿命《じゅみょう》が尽《つ》きることを願ってる」とか思ってるかもしれないから。

石川　うーん。

金正恩守護霊　その「たった一つの選択肢《せんたくし》」っていうのは、「自分が死ねば責任がなくなる」とか思ってる可能性もあるよ。

石川　トランプさんは、今、「自分は神の正義を実現する」と思っていますから。

個人のことをやろうとは思っていないので、強いですよ。

金正恩守護霊　でも、「アメリカ・ファースト」と合わないでしょう、考え方が。

石川　アメリカのなかに「神の正義を実現する」という使命があるので。

金正恩守護霊　アメリカは、ベトナム戦争であれだけ被害《ひがい》を受けてねえ、〝後遺症《こういしょう》〟があるわけだから。そのベトナムも、今、中国の脅威《きょうい》から守らなきゃいけないって、まったく気が狂《くる》ってるような政策を取ってるじゃん。だから、今度は、「北朝鮮《きたちょうせん》を核攻撃する」なんて言って、それが、あとまたコロッと変わるわけで。「北朝鮮を親米にしなければ、中国の脅威やロシアの脅威に対抗《たいこう》できない」と、きっと後世、またなるんだからさあ。

だから、そこまでやっちゃいけないんだよ。それを、君たちは諫《いさ》めなきゃいけないわけよ。

石川　まあ、中国やロシアの問題とか、国の問題とかいうよりも、いちばん問題なのは、「金正恩委員長の下《もと》で、国民が本当に幸福になっているのですか」というところです。

金正恩守護霊　もちろん幸福ですよ。

石川　やはり、「解放されていない部分」、「自由が与《あた》えられていない部分」について、神がお許しになっていないということです。

金正恩守護霊　いや、神はどうでもいいけども……。

石川　いやいや、そこが問題です。

金正恩守護霊　いや、だから、水爆《すいばく》を持ってるのは国連の常任理事国しかないわけだから。「持った」ということは、「常任理事国と対等に並んだ」ということだからね。

だから、ほんとを言えば、日本なんかは私が判断すればどうにでもなる国で、いつでも君たちはあの世に行ける状態に今なってる。

里村　おお……。

金正恩守護霊　それを、私の慈悲《じひ》の心でね、アッラーの神のように、私の慈悲で日本は生かされてるわけよ。

石川　そう、そう。ですから、「独裁者が武力でもって、恐怖《きょうふ》でもって、人々を抑《よく》圧《あつ》する体制というものはよくない」と、今回、決断が下《くだ》されたということですよ。

金正恩守護霊　そんなことないですよ。安倍さんのあれはナチズムだって、ちゃんと言っとるじゃないか、おたくも。それはいけない。やっぱり、ヒトラーは倒《たお》さなきゃいけないわな。

石川　まあ、安倍さんは長くても政治寿命はあと三年ぐらいですから、そんなに気にする必要はないですね。

金正恩守護霊　まあ、似たようなのが出てくるかもしれないからなあ。

石川　幸福実現党の躍進《やくしん》があるので、それは大丈夫《だいじょうぶ》です。

金正恩守護霊　まあ、幸福実現党の躍進は、ちょっとなさそうな気がするがなあ。

石川　いやいや。

金正恩守護霊　いっそ、北朝鮮の特殊《とくしゅ》部隊を送って、君らの候補者を襲《おそ》わせて、それでニュースにしてやれば、君らは躍進するんじゃないか？　ちょっと襲わせようか？　単に手裏剣《しゅりけん》みたいなのを投げるだけだから。

里村　いや、別にそういうお力は要《い》りませんので。

金正恩守護霊　二、三人倒したら、ものすごいニュースになるんじゃないか？

「日本の拉致《らち》家族を百人返して、アメリカ人を人質《ひとじち》に取る」

里村　先ほどから、やや堂々巡《めぐ》りっぽいのですけれども、そうすると、「核兵器に関しては放棄《ほうき》する考えはない」、それから、「ミサイル実験に関しても止《と》める意志はない」、そして、「北朝鮮国民に、民主主義、自由、あるいは神を信じる権利というものを、実質的に保障するつもりはない」ということですね。

金正恩守護霊　いやあ、だから、君らが言ってる、「まず与える愛から始めよ」ということは、「君たちからまず友好の証《あかし》を示したら、うちのほうも多少譲歩《じょうほ》する余地がある」ということだな。

石川　それで、二十五年間、（日本は北朝鮮に米などを）与え続けてきたわけですね。

金正恩守護霊　いやあ、それは過去の話なんで。

石川　ずっと与え続けてきたと。

金正恩守護霊　与えてくれてない。全然与えてくれてない。何にももらってない。全然もらってない。

石川　「お米」も「お金」も与えたと。

金正恩守護霊　九〇年代にちょっとだけあったけども、あとはない。

石川　戦前にも与えたと。かなり多くのものを投資したと。でも裏切られ続けたと（苦笑）。

金正恩守護霊　いやあ、文在寅《ムンジェイン》がねえ、韓国《かんこく》の大統領が、また〝太陽政策〟をやって、北朝鮮に宥和《ゆうわ》的に、友好的にやって、まあ、北朝鮮の工業も発展させて、人道的な支援《しえん》もしてやりたいというのをね、アメリカとか日本とかの圧力でさあ、できないようにさせてるっていうのは、これは、朝鮮半島の独立・自立に対して非常な干渉《かんしょう》じゃないだろうかねえ。日本がかつて受けた「三国干渉」のような、そういう悪い感じのもんだなあ。

里村　ただ、この二十五年間は、はっきり言って、北朝鮮の国民の不幸が長引いただけの二十五年間です。

金正恩守護霊　いやあ、君らはほとんど情報が入ってこないんだから、そんな判断をしちゃいけないよ。

里村　いえいえ。私どもは、北朝鮮から逃《に》げてきた人たちに、いろいろな話を聞いています。

金正恩守護霊　いや、それはみんな洗脳されてる可能性があるから。韓国のＫＣＩＡ（韓国中央情報部）によって、全部洗脳されてるから。

里村　万単位の人ですよ。

石川　そうおっしゃるんでしたら、まず、世界中のマスコミの方たち、報道陣《じん》を入れて、金委員長の生活も含《ふく》めて、国内の様子をしっかりと世界に映し出すべきです。情報公開ですね。

金正恩守護霊　いや、君たちがなかに入って、ちゃんとそういう書類をキチッと書いてねえ、「こういう条件で、なかに入って仲立ちする」ということだったらね。日本の拉致《らち》家族を返してほしいんだろう？　あの百人ぐらい返すのは訳《わけ》ないですよ。

里村　訳ない？

金正恩守護霊　代わりにアメリカ人を人質《ひとじち》に取るから。今、取材に来たりしてるのがいるから、あのへんを（人質に）取るからね。それでいいから、返してもいいよ。だから、うちが出せる情報としては、もうかなり年を取ってきてるけど、その拉致した人たちを一部返すという手はある。

日本の左翼《さよく》勢力の勝利で、アメリカからアジアの平和を守りたい？

里村　ですが、もう二十数年前から、大川隆法総裁が、「北朝鮮の国のためにも、国内をフルオープンにして、自由に取材をさせる体制をつくるべきである」とおっしゃっているわけです。この間《かん》、すでに二十数年です。

金正恩守護霊　いやあ、トランプさんは、あれだけ悪口を言われても耐《た》えてるんだろうけど、うちの場合は、指導者である私の悪口を言った人は抹殺《まっさつ》されるから、即《そく》。やると、国民が死ぬから、そういう情報を開示するわけにいかないわけよ。私の悪口を言ったりしたら即座に殺されるから。まあ、翌日は生きていないよ。川に流れてるから。

里村　それが、国際社会の常識で言うと、「幸せな状態ではない」ということなんです。

金正恩守護霊　いや、中国だって似たようなもんだよ。

里村　中国もそうなんですけれども、中国はまだ多少、権力闘争があるなかで、個人の絶対的な独裁者というものが存在する前の段階ではあるんです。

金正恩守護霊　だけど、他民族をいっぱい侵略《しんりゃく》してるじゃない、現実にね。だから、北朝鮮を、彼らの内モンゴルやチベットやウイグルみたいにされたら困るわけよ。

それはねえ、やっぱり、主体思想《チュチェ》というか、「主体思想《しゅたい》」に反するんでね。「われわれの主体思想によって韓半島の統一を成し遂《と》げて、日本とも同盟関係で、まあ、兄弟のような関係になって、アジアで繁栄《はんえい》を築くこと」が私の目標だからねえ。これはもう正しいんだよ。

アメリカにねえ、あれだけ人殺しをされててさあ、それで、いまだ七十何年もたって追随《ついずい》するっていうのは、やっぱり、独立国家として恥《は》ずかしいことだという考えを持たなきゃいけない。

里村　そうしますと、「あくまで核保有国として、アメリカと対等に対話する国を目指すんだ。そのなかで、日本には安全を保障するから、日本は北朝鮮に協力せよ。体制を支持せよ」というお考えですか。

金正恩守護霊　だから、日本の左翼《さよく》勢力が選挙で勝利し、君たちが、ちょっと勉強が足りなかったところを〝宗旨替え《しゅうしが》〟して、「ああ、アメリカの味方をするよりも、やっぱりアジアの平和のほうが優先するんだ。アジアの独立だ」と。そうしたら、大川隆法は〝日本のガンジー〟と化すから、ノーベル平和賞を取れる。

だから、「北朝鮮、韓国、中国も含めて、アメリカから二度と攻撃なんかされるような国になってはならない。アジアに対する攻撃は許さない」と、こういうバリアを張るわけよ。そうしたら、「新しい世界地図」が出来上がるじゃないか。

アメリカはアメリカのことを考えて、メキシコと仲良くなる方法でも考えてりゃいいんだよ。「壁《かべ》をつくる」なんて言ってるんだから。ね？　メキシコともうちょっと仲良くしたらどうだ、って。カナダと仲良くして……。

カナダに行けなかったんだろう、君たち。こんな、くだらない、戦争を絡《から》めた安倍の「疑惑隠《ぎわくがく》し解散」のおかげで、大川隆法のカナダ講演会ができなくなった。かわいそうだ。やっぱり、アメリカも南北が仲良くするように、あちらのほうに一生《いっしょう》懸命《けんめい》、力を絞《しぼ》ったほうがいいよ。仲が悪いんだからさ。近くの国と仲が悪いっていうことは、やっぱり、アメリカは悪い国だっていうことなんだよ、あれな。

里村　ただ、外交政策には、「遠交近攻《えんこうきんこう》」といって、遠くの国と仲良くして、近くの国とはある程度、敵対的な対立をするという考え方はあります。

7 「国がなくなること」に怯《おび》える金正恩守護霊

亡命先をどこにするかを模索《もさく》している

里村　話を戻《もど》しますけれども、委員長はいろいろなことをおっしゃっていますが、「条件によっては降伏《こうふく》してもいい」みたいなお考えもおありだったと伺《うかが》っています。この「降伏してもいい」ということに関しては、何かありますか。

金正恩守護霊　「降伏」っていうのはちょっと……。いや、〝降伏の科学〟っていうのがあるからね。

里村　いやいや、それは違《ちが》います。そこで当会の名前は出さないでいただきたいんですけど。

金正恩守護霊　ええ？　降伏するんだろう、君ら。

里村　いやいや、しませんよ。

石川　ただ、委員長が手詰《てづ》まっていることは間違いなさそうですね。

金正恩守護霊　いやあ、手はあることはあるんだけどね。ただ、その先がちょっとね、見えないからね。

石川　そうでしょうねえ。

金正恩守護霊　手はあるよ、それはね。

里村　いかなる手でございますか。

金正恩守護霊　いやあ、「君たち（日本軍）が過去にやったような奇襲攻撃《きしゅうこうげき》をかけて被害《ひがい》を出す」という手はある。あるけど、その先をどう開くかのところは、ちょっと難しいよなあ。

石川　次にそちらから攻撃があった場合には、完全に、「totally《トータリー》 destroy《デストロイ》」です。この選択肢《せんたくし》はもう決まっているので。

金正恩守護霊　いやあ、だから、「大きな被害を与《あた》えさえすれば、国が滅亡《めつぼう》してもいいか」っていうような、「そんな決断にするかどうか」っていうことはあるかもしらんけども。まあ、うーん……。

石川 「中国の寝返《ねがえ》り」というか、「変質」がかなり効いているということですね。

金正恩守護霊 中国がねえ、習近平《しゅうきんぺい》があの方針で支持されるようなことがあったら、まあ、なかではまだそうとう粛清《しゅくせい》が起きるんだろうけど、それでいいのかねえ。あるいは、あなたがたが言うように、ロシアと日本が「平和条約」を結んで、そのなかに北朝鮮《きたちょうせん》が〝一枚嚙《か》む〟ことで防衛する手もあることはあるんだけどなあ。

里村 「もうすでにロシアが北欧圏《ほくおうけん》のほうに亡命ルートをつくって、そちらのほうで生活は保証するということで、邸宅《ていたく》もつくっている」というような報道も出ていますけれども。

金正恩守護霊　いや、それは攪乱《かくらん》情報だとは思うけどねえ。

里村　ほお。

金正恩守護霊　国民を動揺《どうよう》させようとしてるんでしょうから。上が逃《に》げ出すというんだったら、下の戦意がなくなるのでねえ。

石川　ちなみに、今、国際社会のなかに、金正恩委員長の考え方を支持してくれるパートナーは誰《だれ》かいらっしゃるんですか。

金正恩守護霊　うーん……。まあ、「イラン」ぐらいかなあ。イランとかは、うちが倒《たお》れると、次にやられる可能性があるから。

石川　今日か明日《あした》にでも、イランには、アメリカからまた次の制裁が出るのではないでしょうか。

金正恩守護霊　イランとかは、北朝鮮に頑張《がんば》ってもらいたいと思っとるだろうなあ。

石川　イランのほかには、どうですか。

金正恩守護霊　イランのほかは、そうだなあ……。「バングラデシュ」とか「エジプト」とか。

あと、「スイス」なんかともコネがないわけではないので。スイスに、財産を凍《とう》結《けつ》されないようになあ、何かちょっとしてくれれば、亡命政府っていうのもまだありえるからなあ。まあ、そういうことはありえるんだけども。

石川　イランにしてもバングラデシュにしても、国として貧しいことは貧しいですね。

金正恩守護霊　まあ、そうだけど。ただ、うちが潰《つぶ》れれば、次に狙《ねら》われるところがあるのでね、確実にねえ。

里村　「スイスの亡命政府」というのは初めて聞いた話ですけれども、それも、やはり……。

金正恩守護霊　いや、資金のところを凍結されるとなあ、没収《ぼっしゅう》されてしまうと、海外での活動ができなくなるから。

スイスのところとは、今までパイプがあるので。中立国だからなあ。だから、スイスのところで、まあ、資金はかなり隠《かく》してはあるから、そこの資金が使えれば、まだ海外でも独立運動を続けられる。

石川　ただ、金委員長の場合、完全に資金のところが世界からつかまれていて、北朝鮮の国内では、ご自身で富を生む力はないんです。

これが狙われているんですよ。

金正恩守護霊　アメリカは、次に残してるのが、「私の個人財産、資産の差し押《お》さえ」と、「海外渡航《とこう》の自由」のところだろう？　「これを認めない」っていう。

石川　前回の国連決議では、これをわざと外しましたからね。

金正恩守護霊　それをわざと……、要するに、「お金を持って逃げられるように見せようとしてる」っていうことなんだろうと思うけどねえ。

石川　そういうことです。

トランプ大統領は、経済的に〝繁栄《はんえい》の神〟ですから、そこは非常に強いんですよ。そこを見誤っているんです。だから、この勝負には勝てません。

金正恩守護霊　チッ（舌打ち）。

石川　もう勝負はありました。

潜水艦《せんすいかん》から核《かく》ミサイルを撃《う》ち、日本の米軍基地を……

金正恩守護霊　だけどね、私のところが負けたら、君たち、もう仕事がなくなるよ。

石川　いえ、世界中で、宗教の仕事ができますから。

里村　本来の仕事をするために、むしろ、この問題には早くけりをつけたいのですが。

金正恩守護霊　いやあ、ガラクタのような本をいっぱい出したっていうことに対して、責任を追及《ついきゅう》される。

里村　あなたご自身のお言葉ですよ？

石川　それを「ガラクタ」と言ってよろしいんですか。

金正恩守護霊　（前掲《ぜんけい》『緊急《きんきゅう》守護霊インタビュー　金正恩 vs.ドナルド・トランプ』を手に取って掲《かか》げながら）煽《あお》ったりして、責任があるでしょう。『緊急守護霊インタ

ビュー 金正恩vs.ドナルド・トランプ』とかいって、米朝対決を煽ったっていう責任が残るじゃないか。

石川　世界の人たちに、真意を知らせているんです。

金正恩守護霊　私の（霊言《れいげん》）を本にするなら本にするでいいけど、最後に、「幸福の科学の今までの北朝鮮に対する取り組みや意見については重大な誤りがありました」という謝罪文。太字で謝罪文を十ページぐらい載《の》せて、そして、各マスコミに読んでもらうことが大事だなあ。「世界を間違ったほうにリードした」と。

石川　私たちは、「国の指導者として上に立つのだったら、国民の幸福を実現することが使命である」と考えているので。

金正恩守護霊　いやあ、そんなことはない。最も優《すぐ》れた人が今、指導者になってるんで。私が消えたら、同時に北朝鮮という国はなくなるのだよ。

石川　いえ、次の体制はもう考えていますから。

金正恩守護霊　なくなるんだよ。

石川　お兄さん（金正男《キムジョンナム》氏）のお子さんが来るかもしれませんし。

金正恩守護霊　そんなねえ、外国に傀儡《かいらい》政権を立てられて、うれしいか。それだったら、先の大戦のときの、あなたがたの満州国《まんしゅうこく》だって正しいことになるじゃない。

石川　満州国は正しいんです。

金正恩守護霊　正しいことないじゃん。

石川　いえ、満州国の建国は正しいことです。

金正恩守護霊　ええ？　それが正しいんなら、アメリカが攻撃したのも悪いことだよ。ねえ？　毛沢東《もうたくとう》も悪いことをしたんだ。なあ？　だからねえ、やっぱり、アジアの平和を守らなくちゃいけないんだ。

石川　アジアの平和を守るつもりです。幸福実現党の下《もと》にも守るつもりでおります。

金正恩守護霊　君たちねえ、日の丸の旗を立てて、支援《しえん》物資を持って、デモンストレーションすべきだよ。

石川 「それをやってもいいです。その代わり、国を開いてください」と言っているんです。

金正恩守護霊 君らが、支援物資を山積みして、ドーッと宝船みたいにやってきたっていうんだったら、攻撃しないように、海岸で攻撃中止命令を出すからさあ。

石川 「二十五年間騙《だま》されてきたので、先にするのは金委員長のほうですよ」というのが、今の世界の統一見解です。

金正恩守護霊 いやあ、私《わたくし》が今、最も信頼《しんらい》してるのが大川隆法さんで。大川隆法さんは私を最も信頼してくださってると思うから。ね？ 自分たちの霊言が偽物《にせもの》だったら、まったく恥《はじ》かいちゃうからね。

石川　今日のお言葉も、世界中にちゃんと伝えさせていただくという意味において、宗教として、とても正直な仕事をさせていただいています。

金正恩守護霊　だから、それはねえ、まあ、核《かく》兵器は撃《う》てるんだけどねえ。「実験」じゃなくて、「実戦」で撃てることは撃てるんだが、「それで、どの程度の被害が出せるか」っていうことはあるが。それと引き換《か》えに国がなくなるのは、ちょっと困るんで。

里村　いや、「国をなくす」、「北朝鮮という国を滅《ほろ》ぼす」と言っているのではありません。「今の体制、あるいは、国民の不幸をなくす」と言っているんですよ。

ですから、本当に、最後は、金正恩委員長のお考えが変われば、すべて変わります。

金正恩守護霊　だけどさあ、アメリカのほうのレポートによれば、「実際の実戦が始まれば、自分たちの味方は、韓国《かんこく》、日本、それからアメリカ人の一部を合わせて●二百十万人が亡《な》くなるだろう」という予想が出てるわけですよ。

その二百十万人が助かるために何ができるかっていうことを考えなきゃいけない。私たちは、国と引き換えに二百十万人ぐらい殺せるわけだからさあ。

石川　今、世界に知らされていないのは、「二百十万人の被害が出ない攻撃法がある」ということです。

金正恩守護霊　まあ、少なくとも、最初の一発ぐらいの先制攻撃は成功させられる可能性は高いから。

東京の丸《まる》の内《うち》に一発、水爆《すいばく》を撃ち込《こ》んで、「あとはどうにでもなれ」と、わしが

●二百十万人が亡くなるだろうという予想　2017年10月4日、アメリカの北朝鮮研究機関「38ノース」は、北朝鮮が東京とソウルを核攻撃した場合、合わせて210万人が死亡するという推計を発表した。米軍による北朝鮮攻撃への報復として、北朝鮮が核攻撃に踏み切った場合を想定している。

腹を決めたら、君らはどうするんだ？

里村　いや、今の段階ではまだ無理ですね。

金正恩守護霊　PAC《パック》-3《スリー》（迎撃《げいげき》ミサイル）で落とせると思うか？　ほんとに。

里村　いえ、水爆を日本に飛ばすところまでは、まだ無理です。

金正恩守護霊　いや、いや、いや。可能性はあるよ。

里村　やっと国内での核実験で成功しているレベルですから。

金正恩守護霊　首相官邸を狙ったとしても、おたくの自衛隊は撃ち落とせないんじゃないかなあ。だって、宇宙空間から落ちてくるんだよ。そんなの撃ち落とせるかあ？

里村　まだ、北朝鮮の威力《いりょく》というものは、委員長がおっしゃるほど本格的な壊滅《かいめつ》的被害を及《およ》ぼすことはありません。

だから、今なら間に合うんです。「今」なんです。今、決断しなくてはいけません。交渉《こうしょう》して、向きを変えるなら今です。委員長は今、向きを変えるべきときです。あとになったら、「向きを変える」という選択はもうなくなります。

金正恩守護霊　いや、でも、前向きにも検討《けんとう》してるんで。地上の基地もけっこう持ってるんだけども、アメリカは、そこを、衛星から撮《と》って、撃とうとしてるから。衛星に映らない、潜水艦《せんすいかん》のミサイルのほうに核弾頭《だんとう》を付けて撃ち込むということであれば、アメリカの衛星から見て、どこから撃つかが分からないから。そこからの実験も今、考えてるところだ。これだったら、身近なところしか撃てねえから、日本の米軍基地を中心に被害を出すということしかないけどねえ。

石川　でも、すでに、その攻撃も米軍に研究はされていますね。

金正恩守護霊　まあ、そんな簡単に外せるとは思ってないけどねえ。

石川　小さな戦いは起こせたとしても、「国の存続」という意味においては決定的なものになるということです。

要するに、考えていることの大小が、ちょっと違うのではないでしょうか。

委員長の小さな「自己満足を発揮するためにされること」と、「その代償《だいしょう》として失うもの」に、あまりにも差があります。ここは知恵《ちえ》を働かせて、「降りられるとき」ではないんですか。

金正恩守護霊　いやあ、もしそう言うならねえ。だから、幸福の科学なんかが体を張って、「日本に〝金正恩御殿《ごてん》〟を建てて、警備兵を置いて守るから、ぜひ、亡命してきてくれ」、「守りますから」、「キムチもちゃんと取り寄せて、食べさせます」、「キムチと焼き肉は保証する」というようなことを言ってくれるんなら、考えてもいいんだけど。

ロシアへ行っても……、まあ、ロシアも危ねえからねえ。何されるか分かんねえから。いきなり殺されることがあるしねえ。

里村　なるほど。

金正恩守護霊　中国はちょっと困るな。中国は困るねえ。

里村　はあぁ。そうですか。

金正恩守護霊　うーん。まあ、トランプって、すごいなあ。あの習近平を、あれだけ手懐《てなず》けるっていうのは、なかなかすごいなあ。考えられんなあ。

開戦までの時間の猶予《ゆうよ》は？——トランプに訊《き》いてくれ

石川　今回、委員長に理解していただきたいのは、国際政治において、「こちらの方向に向かったほうがいい」という、地球上における神の意思決定がなされているのだということです。

金正恩守護霊　まあ、去年のアメリカ大統領選あたりから、この大川隆法が動いている方向に今、だんだん持っていかれようとしてるんだろうとは思うんだけど。

石川　そうです、そうです。

金正恩守護霊　いやあ、私は、悠揚《ゆうよう》としてね、君たちが何かもっと花を持てるように……、まあ、花を持たしてやりたいのよ。

里村　いや、今日のお話を聞いて、私は、「まだプライドがあるので、核兵器も放《ほう》棄《き》したくないし、ミサイルも手放したくないという思いがあるけれども、実は、完全にホールドアップする用意が心のなかではあるのだ」と、そのように受け止めたんですけれども。

金正恩守護霊　私が〝平和主義者〟であることがよく分かったでしょう。私が何よりも、「私と国民とは一体だ」という気持ちでもって、まあ、私がいなくなったら国も潰れるし、私が殺されても国は潰れるし。「私が国民を守ってるんだ。一体なんだ」ということがよく分かったと思うから、その私《わたくし》に、あなたがたは何ができるかっていうことを……。

石川　本当にそうであるならば、国際社会に向かって、「この考え方を捨てる。だから、二千万の国民を、どうか守ってほしい」と、あなたの口からおっしゃるべきですね。

金正恩守護霊　いやあ、言おうとして、その記事の原稿《げんこう》を用意して、放送にかけようとしたら、その前に殺されますから。

石川　国内の反乱分子に殺されるということですか。

金正恩守護霊　軍部に殺されます。「降参する」と言ったら、軍部のタカ派がうちにもいますから、それに殺されます、私のほうがクーデターで。

酒井　話の前提として、あなたは今、判断を非常に迷っていますよね？

金正恩守護霊　迷ってるよ。

酒井　その〝時間の猶予《ゆうよ》〟は、どれくらいと考えているんですか。アメリカは、「もう延ばすつもりはない」と思いますが。

金正恩守護霊　いやあ、トランプさんに訊《き》いてくれよ、それは。

酒井　それは読んでいないんですか、ご自身で。

金正恩守護霊　いやあ、トランプさんが、どのくらい……。

酒井　「少なくとも、一年、二年もはない」ですよね。

金正恩守護霊　日本の選挙戦と中国の大会をやって、結果が変わるのを見てから考えようとしてるのか。その前にもう考えようとしてるのか……。

里村　トランプ大統領は、十一月の頭にアジアに来るんです（十一月三日〜十四日に日本、韓国、中国を訪問する予定）。

金正恩守護霊　ああ。やってくるっていうから、そのときに、どういうつもりで来るのか。あっちに訊いてくれよ。

こちらは撃ってもいいが、撃ったら即《そく》全面攻撃する気なんだったら、ちょっとあれなんで。

里村　「あちらに訊いてくれ」ということは、「主導権はもう自分にない」ということを自認されているわけですね。

金正恩守護霊　いやあ、事実上、交渉の窓口はなくなったんで。ティラーソン国防長官とかが、「まだ対話の窓口がある」とは言ってるけど、大統領のほうは「ない」って言ってるんだからさあ。

里村　ティラーソン氏は国務長官です。

金正恩守護霊　ああ、国務長官かあ。まあ、大統領は「ない」って言ってるからさあ。大統領が「ない」って言ったら、「ない」じゃない。

里村　そうすると、時間的な余裕《よゆう》も自分でつくれないぐらいまで行っていると。

金正恩守護霊　（北朝鮮）外務省の北米局長（崔善姫《チェソンヒ》氏）なんかがモスクワへ行って、ロシアと話したけど、そんなにうちに都合《つごう》のいいような返事はもらえなかったということだよなあ。

だから、もう一段、支援が……。支援さえつけてくれればあれだけど、ロシアのほうも、EUのほうとの紛争《ふんそう》があるんで、あんまりアメリカと敵対はしたくないらしいから。まあ、いざというときは（北朝鮮を）見殺しにする感じかなあ。そのようなんで。

里村　ああ……。

実際に開戦状態になったら、イラク戦争のときのフセインのように、最後は本当に殺されるところまで行くので、やはり、「今」ですね。

金正恩守護霊　軍部がわしを殺せない理由は、そのあと国がなくなる可能性があると思ってたからだけど、ほかに、ここに傀儡を立てるとかいうのを決められて、周りに情報を流されると、「まだ国は続くんだ」と誤解して、そういうことが起きる可能性があるんでねえ。ＣＩＡも今、一生懸命《いっしょうけんめい》、動いてると思うので。わしさえ排《はい》除《じょ》すれば、国がそのままの状態で保てるような幻想《げんそう》を抱《いだ》かせて……。

里村　うん、うん、うん、うん。

金正恩守護霊　でも、絶対アメリカは、そんなはずはないんだよ。俺《おれ》の首だけ取ってねえ、「あとは、そのままで現状維持《いじ》です」なんて、絶対、思ってないから。この国の「先軍政治」体制を壊《こわ》すつもりでいるのは間違いないからさあ。

里村　分かりました。

金正恩守護霊　まあ、それはねえ、乗れないので。いやあ、君たち、せっかく……。まあ、何と言うか、〝逆縁《ぎゃくえん》〟っていうのもあるけど、何か、「敵のように見えたが、実は仲間だった」という感じはないかねえ……。

8　金正恩守護霊、最後の狙《ねら》いとは――その条件を列挙する

霊界《れいかい》で〝家族会議〟が開かれ、若干《じゃっかん》の非難を受けている

里村　では、私のほうから、最後に一点だけお伺《うかが》いしたいのですが、今日のお話は今までのおっしゃり方とかなり違《ちが》うので、今度は宗教的視点からの質問です。

金正恩守護霊　ああ。

里村　以前の、おじい様の金日成《キムイルソン》、そして、お父様の金正日《キムジョンイル》は、どちらかというと、やはり、金正恩委員長の守護霊の応援《おうえん》でした（『北朝鮮《きたちょうせん》 崩壊《ほうかい》へのカウントダウン　初代国家主席・金日成の霊言《れいげん》』〔幸福の科学出版刊〕、『北朝鮮――終わりの始ま

り――』〔前掲《ぜんけい》〕参照）。それから、「ヒトラーが一週間に一回ぐらい家庭教師で来る」とおっしゃっていました（『ヒトラー的視点から検証する 世界で最も危険な独裁者の見分け方』〔幸福の科学出版刊〕参照）。

今、霊界《れいかい》でのみなさんの意見はどうですか。

金正恩守護霊　いや、正日が来てたんだ、朝ね。金正日、お父さんがな、何か、意見を言いたそうだった。

あと、正男《ジョンナム》（金正男氏）も来ていて、何か意見を言おうとしたけど、言わすわけにいかないからね。ろくなこと言わんからさ、今。

いや、みんな、〝家族会議〟をやっとるんだがなあ。

里村　ほう。

金正恩守護霊　まあ、みんなやっとるんだが、ちょっと何か、「わしが若くて、血気《けっき》に逸《はや》ったかなあ」っていう言い方を少しするので。もうちょっと老獪《ろうかい》にやらなきゃいかんが、少し刺激《しげき》しすぎたのかなあ？　うーん……。ちょっと刺激しすぎたのかなあとは思うんだが。

里村　ああ。今、〝家族会議〟で、そのような方向に話が行っているわけですね？

金正恩守護霊　うーん。だから、今、日本の選挙がもうあと十日で終わるから、トランプが攻撃《こうげき》しないで我慢《がまん》してくれて、左翼《さよく》勢力が勝って、安倍退陣《あべたいじん》になってくれれば、ちょっと情勢は変わる……。

石川　それは、「ない」ですね。逆はあっても、「それはない」です。

金正恩守護霊　うーん……。そうかなあ？　でも、立憲民主党とか、すごい人気が出てるっていう。

里村　ただ、候補者の数が数ですから。しょせんは〝コップのなかの嵐《あらし》〟です。

石川　前回、日本をメタメタにした〝菅《かん》政権の名残《なごり》〟みたいなものですから。

金正恩守護霊　うーん……。

何か事が起きると、安倍のほうは、強い風、強風が吹《ふ》くからねえ。それで、トランプのほうが、安倍政権を生き残らせようとしてるからねえ。

だから、ちょっとそのへんがねえ、読み切れないんだなあ。「安倍が負けるかもしれない」みたいな報道が流れると、アメリカがちょっかいを出してくる可能性もないわけではないので。緊張《きんちょう》を高めれば、安倍は勝つんだろう？

里村　いや、必ずしも安倍さんが勝つかどうかは分かりません。ただ、いずれにしても、切羽詰《せっぱつ》まった状況《じょうきょう》であることは間違いないわけです。

金正恩守護霊　うーん。まあ、それはそうだ。

里村　それで、私が見るに、今月、十月十八日の「中国共産党大会」、二十二日の「日本の総選挙」、さらに、十一月三日からの「トランプ大統領のアジア訪問」、このあたりで、すべてが決まっていく感じかと思うんです。

今だったら、もしかしたら、トランプ大統領に、いろいろな条件などを提示できるかも分かりません。

石川　まあ、私たちとしては、今日あった発言について、できるだけ多くの世界の人たちに伝わるように知らせますよ。

金正恩守護霊　だから、ちょっと、条件交渉《こうしょう》をね、しようとする意思を、君たちを通じて、今、発表しているわけよ。

石川　うーん。

金正恩守護霊　「まだ対話の用意はある」ということを、君たちを通して、やっているわけだから。

里村　なるほど。

金正恩守護霊　ね？　君たちも、「そんなに早まるな」と言って。ちょっと、一年ぐらいだったら、うちも凍結《とうけつ》してもいいから。その間《あいだ》に条件を整えることはできるんではないか、と。

石川　ただ、何度も言っているように、「二十五年間やってきたけれども、日本もアメリカも裏切られ続けてきた」と。

金正恩守護霊　いや、それは過去の話だから。

石川　トランプさんも、「今までの大統領は騙《だま》され続けてきたから、私は騙されない」ということなので。

金正恩守護霊　うーん……。

石川　そういう意味では、金委員長のほうから、よほど誠実に「こういうことがある」と意思表示をされないと、その交渉のテーブルには着かないのではないでしょうか。

金正恩守護霊　トランプさんは、〝大川隆法大先生〟の言うことなら、きくんじゃないかなあ？

石川　大川隆法先生は、もう意思決定をされています。「降りなさい」と。

金正恩守護霊　いや、トランプさんのほうにも「降りなさい」と。

石川　いえ、いえ。トランプさんは、今、「神の正義」を実現しようとしていますから。

金正恩守護霊　だから、「北朝鮮攻撃をやめなさい。日本に続いて、アジアの国の二つ目を核《かく》攻撃した場合は、もう取り返せない、大変な歴史上の汚点《おてん》になるからやめなさい」と。

やっぱり、地球の神なら、そう言わなきゃいけないでしょう。日本の神なら、しかたないけど。

石川　やはり、地球の神は、今、金正恩委員長に、「潔《いさぎよ》く降りなさい。男としての姿勢を示す最後のときであるぞ」と言われています。

金正恩守護霊　国民に対して責任が取れないわなあ。

石川　国民に対して責任を取るのであれば、国民の前で、「私が間違っていた。君

たちの命は世界が守ってくれるから、私がいなくなるのを許してくれ」と言って、
立ち去るべきです。

金正恩守護霊　だから、君ら……、あなたがたのお知恵《ちえ》を拝借《はいしゃく》したいけど、どうも……。

石川　これが、智慧《ちえ》です。

金正恩守護霊　私のプライドを維持《いじ》しつつ、どういう条件を君たちが提示すれば、収まりがつくような交渉になる……。

石川　「プライドを捨てる」ということですね。

金正恩守護霊　いや、プライド……。それは、いけないよ。それはねえ、政治家にとっては、プライドを捨てたら、もう政治家は……。

里村　「勇退《ゆうたい》という道が、まだ開ける。まだ勇退の可能性がある」ということです。

金正恩守護霊　（里村に）勇退するのは君のほうであってねえ。君は僕《ぼく》のお父さんかおじいさんみたいに見えるから。

里村　いえ、いえ、いえ（苦笑）。まだあるんです、道が。

金正恩守護霊　三十四で勇退したら、あなた、もうすることないじゃないの。

里村　いや、いや。歴史上、そういう事例はありますから、たくさん。

金正恩守護霊　まだ、これから四十年、五十年、やる気満々なのに。

里村　そこが、いちばんネック（障害）です。

金正恩守護霊　いや、若いから、まだやる気満々なんだからさあ。

石川　でも、今世《こんぜ》の人生は、前半戦で、かなりいろいろなことをされたので、もうよろしいのではないですか?

金正恩守護霊　ほんの数年じゃないの。父が早く死んで、「あんな若いのに大丈夫《だいじょうぶ》か。二十九ぐらいで大丈夫か」っていう、みんなの恐《おそ》れを払拭《ふっしょく》するために、ものすごい強気で出て、国を拡大してねえ、戦力を強化して。まるで北条時宗《ほうじょうときむね》が元《げん》の侵略《しんりゃく》を撃退したような感じに見えてると、私は思うんだよなあ。

里村　ほおー。

「万一《まんいつ》、私が殺されるようなことがあったら……」

里村　まあ、私も最近聞きましたが、この数年というか、二〇〇〇年に入ってからの十数年、金正男氏がまだ生きているときに、「弟（金正恩）の告《つ》げ口が怖《こわ》い」というように、身近にいた方々に言っていた、と。まだ金正日氏がいるときは、「父への弟の告げ口がいちばん怖い」というように言っていた、と。その意味では、もう十分……。

金正恩守護霊　まあ、君たちも、うちと同じで、〝全体主義国家〟なんだから、お互《たが》い仲良くしようじゃない。

石川　いやあ、私たちは、「全体主義」ではありません。

金正恩守護霊　〝全体主義同盟〟。あなたが判断すれば、米五十万トンは、もう一週間以内に着くでしょうが。

石川　いや、それはできるけれども、そのためには、「情報をきちんと開いてください」と言っているわけです。

金正恩守護霊　米五十万トンっていったら、おたくの資金をちょっとだけ崩《くず》せば、すぐできることじゃないですか。あるいは、信者に向かって〝北朝鮮救援募金《きゅうえんぼきん》〟っていうのを募《つの》れば、それはあっという間に集まるし。ねえ？

いやあ、ミサイルを撃《う》ちたいけど、一本撃ったら、けっこうねえ……。

石川　お金がかかりますよね。

金正恩守護霊　いや、かかるんですよ。一カ月分ぐらいの食糧《しょくりょう》がねえ、消えるんですよ。だから、こっちだって、効果的に絞《しぼ》り込《こ》んで撃たないといけないから。

石川　おじいさん（金日成）も、ずいぶん心配していましたよ、本当に。

金正恩守護霊　無駄《むだ》には撃てないんだよ。だから、戦後体制について、トランプが十一月上旬《じょうじゅん》に来て話をしようとするんだろうから。その前に、やっぱり、テーブルにはいろんな選択肢《せんたくし》があることを君たちこそ示してねえ、世界に提示すべきですよ。

石川　そう、そう、そう、そう。「アメリカ・ファースト」を言っているトランプさんですから、日本にも、「自分たちの国は、自分で守れるようにしなさい」と言っています。これが、彼の考え方ですから。

金正恩守護霊　ああ、まあ、それはいいけど、君たちからは、「アジアに二度と核兵器の惨禍《さんか》が降りませんように」と。

石川　そうですね。おっしゃるとおりです。

金正恩守護霊　そういう祈《いの》りを、みんなで全国でやったらいい。

石川　そのためには、「今、即座《そくざ》に、金正恩委員長に降りていただく」と。これが、いちばん憂《うれ》いをなくすことになりますよ。

金正恩守護霊　いや、私が降りたって、部下が暴走することだってありえるわけだから。

石川　それは、ないですね。

金正恩守護霊　これ、実は、私が一人で止めているかもしれない。

石川　やはり、まだ独裁者の力が強いですから。

金正恩守護霊　国際情勢を読む力は、私がいちばんあるから。下は、そんなにないので、ただただ、万一《まんいつ》、私が殺されるようなことがあったら、やっぱり、「金正恩同志の遺志《いし》を継《つ》ごう！」っていう感じで行くかもしれないから。まあ、妹がやるとは思いますが。

局面最終盤《さいしゅうばん》の交渉《こうしょう》条件を列挙する

石川　最後に確認したいことがあるのですけれども、何か条件が整えば、本当の意味において降りる気持ちがおありなんですか。

金正恩守護霊　うーん……。だから、体制の維持、私の命の保証、それから、あと、生活できるようなあれをつくること。それと、北朝鮮に対して、核攻撃ないしは、アフガニスタンで落としたような巨大爆弾《きょだいばくだん》みたいなの（大規模爆風爆弾〈ＭＯＡＢ《モアブ》〉）での攻撃はしないこと。あるいは、韓国《かんこく》とか日本とかが北朝鮮を支援しようとする動きをするときに、それを止めないようなこと。

まあ、そういうことを全部含《ふく》めて、やっぱり、信用あるところを（示す）幾《いく》つかの連判状《れんぱんじょう》でもないと、すぐには呑《の》めないかなあ。

石川　もし、それを交渉《こうしょう》のテーブルに載《の》せた場合に、金正恩委員長は何を手放すのですか。

金正恩守護霊　うん？

石川　金委員長のほうは、何を国際社会に出すのですか。

金正恩守護霊　だから、「アメリカを壊滅《かいめつ》させるという作戦を凍結」する。

石川　核とミサイルは、どうされるのですか。

金正恩守護霊　うーん……。まあ、それは……。だから、これをアメリカが管理に来るか、中国が管理に来るか、ロシアが管理に来るか、国連がやるのかは、ちょっと分からないんだけど。私の行き場所がないとね。

最後は、核兵器のなかに乗って、何か、〝神風特攻隊《かみかぜとっこうたい》〟をやりたくなるところがあるねえ、こちらも、もう最後はね。やっぱり、それは、名前を遺《のこ》したいわねえ。

石川　まあ、分かりました。今日は、「かなりお困りの状況にある」ということですね？

金正恩守護霊　うーん……。いやあ、「近づいてきてる感じ」は、ちょっとしてるので。

石川　そういう感じがしているわけですね？

金正恩守護霊　うーん。このままだったらね。

石川　その読みは正しいです。

金正恩守護霊　うーん……。「トランプが（アジア訪問に）来る」っていうあたりまでに（アメリカの攻撃が）始まっているのか、「それから始まる」のか、ちょっと分からんが。いやあ、（こちらもミサイルを）撃てることは撃てるが、そのあとが読めない状況になってはいるので。

石川　ええ。もう私たちから言えるのは、「降りるときです」と。

金正恩守護霊　降りようがないじゃないか、これねえ。今、降りられない。

石川　今回のこの会話については、できるだけ早く世界に伝わるようにはいたします。

金正恩守護霊　うーん。

石川　それが状況の変化を呼ぶかどうかは、金正恩委員長の運にかかる、と。

金正恩守護霊　君たちは宗旨替《しゅうしが》えして、「地球の神は考えを変えられた」と。

石川　それは、ないです。その方向は、もう意思決定、ディシジョンメイキングがされているので。

金正恩守護霊　「地球の神は、北朝鮮を守ることを決めた……」。

石川　北朝鮮の国民を守ることは決めているんです。だから、「金正恩委員長も降りなさい」と。

金正恩守護霊　「核戦争があったら、また核兵器国がたくさん増えるから、核戦争がないようにしたい。だから、アメリカは攻撃してはならない。北朝鮮は専守防衛をしているのである。日本が憲法九条を守るかぎり、北朝鮮が日本を攻撃することはないんだ」と。このあたりで妥協《だきょう》できないかなあ。

石川　神にとっては、二千万の民《たみ》の苦しみは、本当につらいことなんです。

金正恩守護霊　うーん……。わしは、そんな悪いことしてないよ。ちょっと多めに飯《めし》を食ってるぐらいであって。

石川　そう、そう、そう。恐怖《きょうふ》を与《あた》えて、自由を奪《うば》って、〝地獄《じごく》〟のなかに閉《と》じ込めて。これが許せないんです。

金正恩守護霊　地獄じゃない。地獄じゃなくて。だから、平壌《ピョンヤン》市内でナマズの養殖《ようしょく》をしたりしてタンパク源を供給したり、やっぱり、お米の穫《と》れ高《だか》を視察したりはしとるんだよ。

石川　でも、最近は、「平壌市内から一週間以上、出てはいけない」というような、厳しい締《し》めつけが始まっているのではないですか。

金正恩守護霊　去年だってねえ、君らは、報道があんまりないだろうけど、台風被《ひ》害《がい》が北朝鮮で出て、穀物被害はかなり出ておるんで。
だから、今年は今、ちょうどねえ、これから収穫期《しゅうかくき》に入るときなので、ここを焼け野原にされたら、ちょっと困るのよ。核でなくても、ナパーム弾みたいなもので焼き払《はら》われたりしたら、本当に困るので。もう食っていけない。食っていけないから、こっちも恐れてるので。

里村　なるほど。

金正恩守護霊　だから、「稲田《いなだ》を焼かれる」っていう、ベトナムでやったようなことをやる可能性がないとは言えないじゃない。「まだ、そのほうが、国際社会からアメリカへの非難が弱いかもしれない」と見ている可能性がある。〝食糧攻め《ぜ》〟のほうで来るんだったら、中国からの輸出を止めて、さらに、「穀物のところを焼き払う」っていう手があるだろうが。これだったら、まだそんなにアメリカへの非難が大きくはならない。

よく分からないからね、何をしようとしているのかが。「人は死んでいない」とか言えるからさ。
「北朝鮮《きたちょうせん》以外の国が『憲法九条』を採用すべきだ」という最後の主張

石川　もう霊言収録の終了《しゅうりょう》の時間も来ていますのでね。

金正恩守護霊　ああ、はい。

石川　最後に何か、国際社会に対するメッセージはありますか。

金正恩守護霊　やっぱり、北朝鮮《きたちょうせん》以外の国は「憲法九条」を採用すべきだ。

石川　（苦笑）

金正恩守護霊　アメリカは特にそう。「アメリカが日本に下さった」っていうなら、本国のアメリカが憲法九条を採用して、「戦力不保持」、「交戦権の否定」、「平和を愛する国際社会を信頼《しんらい》して二度と戦争しない」ことを誓《ちか》ってほしい。アメリカ憲法に憲法九条を入れること。そうすれば、私も安心して、あと四十五年ぐらいは統治ができる。

石川　それをやるのであれば、まず北朝鮮が「憲法九条」を受け入れてください。

金正恩守護霊　北朝鮮は、私が〝憲法〟だから。

石川　「世界に持ってください」と言う日本の憲法九条を、まず北朝鮮が持つべきです。

金正恩守護霊　だから、日本の今までの「戦後の体制」を、私は支持してるわけだね。いい体制だ。

石川　よく分かりました。

金正恩守護霊　（日本にある）アメリカの百三十の基地を退散させる力にはなれるから。北朝鮮に力があったほうが交渉できるから。その材料として持っておいたほうがいいと思うんだ。

今、国際社会との交渉の窓口の実例として、君たちを国際社会の代表としてお招きして、話を申し上げたので……。

石川　はい。分かりました。

金正恩守護霊　よく〝忖度《そんたく》〟して考えてくれよ。なあ？　君たちは党利党略なんか考えないで、世界の平和を考えるところだからさ。

石川　はい。あなたが「降りられるとき」なので、頑張《がんば》ってください。

金正恩守護霊　うーん、まあ……。

里村　はい、今日は、どうもありがとうございました。

9　大川隆法、Xデー前後をシミュレーションする

北の狙《ねら》いは、「平和主義のマスコミなどを利用して戦意を削《そ》ぐ」こと

大川隆法　（手を三回叩《たた》く）だいぶ論調が変わってきましたね。

これは、「最期《さいご》のときは近づいている」ということです。

金正恩は、「虚勢《きょせい》を張ると向こうが怯《ひる》む」と思っていたのでしょう。アメリカの民主党系、日本の民進党系が相手であれば、与《くみ》しやすかったのでしょうが、日米ともタカ派系が強くなり、強気でやると強気の反応が返ってくる可能性が高くなってきたのです。

さらに、「中国が本当に（北朝鮮の制裁に）動くかもしれない」ということと、「ロシアが（北朝鮮に）協力しない」ということもあります。

石川　そうですね。

大川隆法　ロシアも国際的に孤立《こりつ》したくはないのでしょう。それで、「(金正恩の亡命を)引き受ける」とまでは言わなかったのかもしれません。

そして、アメリカには、実戦に踏《ふ》み切る前に、「資産凍結《とうけつ》」など、まだ打つ手はあります。嫌《いや》ではあっても「逃《に》げようのない手」がまだあるのです。

「北朝鮮を保護することで、中国に、毎年、何兆円もの経済的ダメージが出る」などというのは、中国にとって、たまらないことでしょう。三兆円もダメージが出るなら、中国は金正恩を〝売る〟でしょうね。

里村　はい。

大川隆法　それはそうでしょう。

石川　その取引が成立しているのでしょうか。

大川隆法　そのような感じですね。

幸福の科学は、どうしましょうか。「いちばんタカ派のことを主張しているところに、頼《たの》み込《こ》んできている」というような感じなのですが、どうしたらよいでしょうか。

里村　まずは、「ありのまま」を発表し……。

石川　世界にお伝えさせていただいて……。

大川隆法　ただ、それだと、〝金正恩のツイッター〟ということになるかもしれません（笑）。

石川　（笑）

大川隆法　（北朝鮮の）国営放送を通じては、今回のような内容は言えないでしょう。

そこで話すときには、天皇陛下《へいか》の玉音《ぎょくおん》放送のように、「耐《た》えがたきを耐え、忍《しの》びがたきを忍び」とか、「各位、よく頑張《がんば》られた」というような感じのことを話さなくてはいけないのでしょうが、そのあとを保証してくれるものの当てがないわけです。

「戦わない」となれば、金正恩は、おそらく国内で殺されるのではないでしょうか。

石川　暗殺……。

大川隆法　二十九歳《さい》ぐらいから（国のトップを）やっているので、強気でないと、（軍部などが）ついてこなかったところはあるんですけどね。

いやあ、これで最後の引き金を引いたら、本当に「壊滅《かいめつ》的な攻撃《こうげき》」というものがありえます。

水爆《すいばく》実験等を、国内ではなく国外の太平洋上などでやったら、おそらく総攻撃を受けるでしょうし、そのときには、もたないでしょう。北朝鮮が手加減をして部分的にやったつもりでも、壊滅することはあります。

（イラク戦争における）フセインのことはまだ記憶《きおく》に残っていますからね。

里村　はい。

大川隆法　いやあ、「トランプ大統領は怖《こわ》い人だ」という予想は当たりました。これは、去年から当会も考えていたことではあるのです（『守護霊インタビュー ドナルド・トランプ アメリカ復活への戦略』〔幸福の科学出版刊〕参照）。

もしかしたら、もう一息《ひといき》で、これは、「戦わずして終わる」という可能性があるかもしれません。戦わずして終わるのなら、それもありがたいと私は思っています。

ただ、（金正恩守護霊としての）意見があっても、言論だけではどうでしょうか。

石川　これからできることは少ないので……。

大川隆法　ほとんどないでしょう。

石川　ただ、この時期にこの本が出ることには、また大きな意味があると思います。

大川隆法　（金正恩守護霊は）何を狙《ねら》っているのでしょうか。本が出て（日本が）軟化《なんか》することを願っているのでしょうか。日本で平和主義のようなものが強くなり、「実際の戦争はやめましょう」という感じになるのを願っているのでしょうか。

里村　若干《じゃっかん》、そのような感じはします。

大川隆法　そのような考え方自体は、マスコミにはけっこうあります。「北朝鮮が『もうミサイルを撃《う》たない』と言うのだったら、いいじゃないか」というような感じでしょうか。「そういうかたちで逸《そ》らし、戦意を削《そ》ぐ」という手はあるかもしれません。

あるいは、中国による制裁を解除できれば、楽になるでしょう。これは、「中国のほうに攻《せ》め込むこともありうる状態」が起きてはいるのでしょう。

日本のタカ派を弱めようとしている意図もあるかもしれない

里村　その意味では、今回、「日本の選挙を、とにかく、自分の安泰《あんたい》に役立てよう。利用しよう」という考えは出ていました。

大川隆法　まあ、しかたがありません。私たちが利用されているのかどうかは分かりませんが、メディア的な戦い方は、「事実を明らかにすることによって判断を仰《あお》ぐ」ということであり、悪いものであれば、「真実は何であるか」が分かるだけで、崩壊《ほうかい》することはあるのです。

エクソシスト（キリスト教の悪魔祓《あくまばら》い師）が、人に憑《つ》いている悪魔に名前を語らせると、そこで、だいたい勝負は峠《とうげ》を越《こ》え、相手は退散していくことになります。それと同様に、相手の本心が分かった段階で、相手が崩壊することはありうるのです。

もし、これで「無血」で終わったとしても、当会が言っていたことや戦っていたことが、まったく無駄《むだ》になるとは思えません。

今、峠を越えつつあるのでしょうかね。

里村　はい。

大川隆法　（金正恩にとって）トランプ大統領は、やはり怖かったわけですか。やろうと思えば、本当に、狂《くる》ったように行動できますからね。これは怖いですね。

里村　数年間変わらなかったものが、本当に変わりました。

大川隆法　オバマ大統領だったら、ノーベル平和賞を受賞しているので、攻撃ができず、「話し合いで」と言うでしょう。ただ、「核《かく》なき世界」ということで、北朝鮮に「核兵器をなくせ」と言っても、自分のところも核兵器を持っているのであれば、その言葉は自分のところに跳《は》ね返ってきます。米軍基地に核兵器があるのでは、それを言えません。

まあ、私たちが利用されるかどうか、微妙《びみょう》なところではありますが、「（金正恩守護霊が）選挙期間中に言ってきた」ということは、彼にとって、「持ち時間はそれほどない」ということではあると思います。日本のタカ派を弱めようとしているのかもしれません。

マスコミを超《こ》えた先見性で情報戦を

大川隆法　これで、どう判断するべきでしょうか。

ただ、（金正恩守護霊が）これだけ弱気になったのは初めてですね。

里村　はい。ここ数年間……。

大川隆法　ずっと強気でした。

里村　国際的にも国内的にも、かなり堀《ほり》が埋《う》まってきていますので。

大川隆法　（アメリカには）実戦以前に、もう一つの手があります。「北朝鮮の資産の凍結」をし、「一切《いっさい》の外国から孤立するところまで追い込む」という手をまだ持っているのです。

北朝鮮と取引をする会社等にまで〝締《し》め上げ〟が入っているのですが、これは、まだ最後までやっていないのでしょう？

里村　はい。

大川隆法　ギブアップするのを待っている状態です。今、「寝技《ねわざ》」「絞《し》め技」をやっていて、それが効いてきているわけです。

そうすると、これから先の様相はどうなるのでしょうか。

衆議院選挙では、今のところ、安倍陣営《あべじんえい》と小池《こいけ》陣営の両方を合わせると、それは、ある程度、過半数を超《こ》えていくだろうと思われるので、基本的には、日本の方針が大きく変わるとは思えないところがありますね。

首相が安倍さんから別の人に替《か》わったとしても、大きな流れ自体は変わらないでしょう。たとえ岸田文雄《きしだふみお》氏や石破茂《いしばしげる》氏などが出てきても、アメリカの基本的な意向に反対するようなことはできないと思うので、「結論は同じ」だろうと思います。

韓国《かんこく》の（文在寅《ムンジェイン》）大統領は、もう、事実上、（アメリカから）干《ほ》されている状態でしょう。

里村　そうですね。

大川隆法　「THAAD《サード》（終末高高度防衛ミサイル）」も、入れたくないけれども、入れさせられました。

里村　はい。

「終わり」は近づいている

大川隆法　ただ、「終わり」は近づいています。

あとは、「トランプ大統領が、これ（北朝鮮）を許さず、さらに〝締め上げ〟をかけるかどうか」ということです。ハリケーンや火事、銃《じゅう》乱射事件など、いろいろなことがアメリカで起きても、まだ〝締め上げ〟を緩《ゆる》めないのであれば、終わる可能性はあります。それは近づいているわけです。

空母を三隻《せき》並べられたら、本当に敵《かな》わないでしょうね。

石川　近いところにいるわけですからね。

大川隆法　（北朝鮮の）潜水艦《せんすいかん》にだって攻撃する手段はあります。潜水艦であれば、日本の航空自衛隊や海上自衛隊でも、沈《しず》められる力を十分に持っています。
　この霊言《れいげん》によって、ある程度、事実を知ってもらうしかありません。「今までの流れとは変わっている」ということですね。
　したがって、去年、当会がトランプ氏を応援《おうえん》したことには意味があったわけです。マスコミより先見性はありますよね。

里村　ございます。

大川隆法　ＣＮＮであっても、まだトランプ大統領を叩いている口でしょう。

当会にはマスコミ的機能もあります。言論による戦いもあるので、それを「情報戦」で使っていただければよいと思います。

質問者一同　ありがとうございました。

あとがき

まだ、言葉だけで油断《ゆだん》してはならないだろう。地上の肉体生命を生きながらえさせるためなら、そして闘争心《とうそうしん》のある人間なら、窮地《きゅうち》に立たされたら何をしでかすか分からない。

ただ本書で語られた金正恩《キムジョンウン》氏の守護霊の言葉から、日本の国内政治のあり方が逆照射《ぎゃくしょうしゃ》されるかたちで浮き彫《ぼ》りにされてくることは確かである。

トランプ大統領が登場したのも、伝統的な自民党の系譜《けいふ》からは極《きわ》めて異質な安倍総理が復活後も長期政権になったのも、歴史の必然で、この点、民意は正しかったのだろう。
私たちが歴史的に十分な使命を果たせたのかどうかは分からない。ただ、たとえ、表側のヒーローとはなれなくとも、「ダークナイト」としての活動が、多くの人命を救えたなら、そして人々に「恐怖からの自由」を与えることができたなら、それだけでも良かったと思っている。

二〇一七年　十月十二日

幸福《こうふく》の科学《かがく》グループ創始者兼総裁《そうししゃけんそうさい》
幸福実現党創立者兼総裁《こうふくじつげんとうそうりつしゃけんそうさい》　大川隆法《おおかわりゅうほう》

『守護霊インタビュー 金正恩 最後の狙い』 大川隆法著作関連書籍

『北朝鮮・金正恩はなぜ「水爆実験」をしたのか』（幸福の科学出版刊）
『危機の中の北朝鮮　金正恩の守護霊霊言』（同右）
『緊急守護霊インタビュー 金正恩 vs. ドナルド・トランプ』（同右）
『北朝鮮 崩壊へのカウントダウン　初代国家主席・金日成の霊言』（同右）
『ヒトラー的視点から検証する 世界で最も危険な独裁者の見分け方』（同右）
『守護霊インタビュー ドナルド・トランプ アメリカ復活への戦略』（同右）
『北朝鮮――終わりの始まり――』（幸福実現党刊）
『守護霊インタビュー 金正恩の本心直撃！』（同右）

守護霊《しゅごれい》インタビュー　金正恩《キムジョンウン》　最後《さいご》の狙《ねら》い

2017年10月13日　初版第1刷

著　者　　大《おお》　川《かわ》　隆《りゅう》　法《ほう》

発行所　　幸福の科学出版株式会社

〒107-0052 東京都港区赤坂2丁目10番14号
TEL(03)5573-7700
http://www.irhpress.co.jp/

印刷・製本　株式会社 研文社

落丁・乱丁本はおとりかえいたします

ISBN978-4-86395-947-7 C0031

カバー写真：AP/アフロ／SPUTNIK/時事通信フォト／時事／AFP＝時事
本文写真：AFP＝時事／朝鮮通信＝時事

大川隆法 霊言シリーズ・北朝鮮情勢を読む

緊急守護霊インタビュー 金正恩 vs. ドナルド・トランプ

英語霊言 日本語訳付き

二人の守護霊を直撃。挑発を繰り返す北朝鮮の「シナリオ」とは。米大統領の「本心」と「決断」とは。北朝鮮情勢のトップシークレットが、この一冊に。

1,400円

危機の中の北朝鮮 金正恩の守護霊霊言

北朝鮮は本当にアメリカと戦うつもりなのか？　追い詰められた「独裁者の本心」と「対トランプ戦略」３つのシナリオが明らかに。そのとき日韓は？

1,400円

北朝鮮 崩壊へのカウントダウン 初代国家主席・金日成の霊言

36 年ぶりの党大会当日、建国の父・金日成の霊が語った「北朝鮮崩壊の危機」。金正恩の思惑と経済制裁の実情などが明かされた、国際的スクープ!

1,400 円

※表示価格は本体価格（税別）です。

ロシアの本音 プーチン大統領守護霊 vs. 大川裕太

「安倍首相との交渉は、〝ゼロ〟に戻った」。日露首脳会談（2016年12月）への不満、そして「日露平和条約締結」の意義をプーチン守護霊が本音で語る。

1,400円

文在寅《ムンジェイン》 韓国新大統領守護霊インタビュー

韓国が「東アジアの新たな火種」となる!? 文在寅新大統領の驚くべき本心と、その国家戦略が明らかに。「ムッソリーニの霊言」を特別収録。

1,400円

中国と習近平に未来はあるか

反日デモの謎を解く

「反日デモ」も、「反原発・沖縄基地問題」も中国が仕組んだ日本占領への布石だった。緊迫する日中関係の未来を習近平氏守護霊に問う。【幸福実現党刊】

1,400円

大川隆法 霊言シリーズ・日本の国防を考える

戦後保守言論界のリーダー 清水幾太郎の新霊言

核開発を進める北朝鮮、覇権拡大を目論む中国、反戦・平和主義に染まる日本──。国家存亡の危機に瀕する日本が取るべき「選択」とは何か。

1,400円

国軍の父・山県有朋の具体的国防論

憲法９条をどうする？ 核装備は必要か？ 国を護る気概とは？ 緊迫する国際情勢のなか、「日本の最高軍神」が若い世代の素朴な疑問に答える。

1,400円

政治家の正義と徳 西郷隆盛の霊言

維新三傑の一人・西郷隆盛が、「財政赤字」や「政治不信」、「見世物の民主主義」を一喝する。信義と正義を貫く政治を示した、日本人必読の一冊。

1,400円

※表示価格は本体価格（税別）です。

大川隆法ベストセラーズ・日本のあるべき姿を考える

危機のリーダーシップ

いま問われる政治家の資質と信念

党利党略や、ポピュリズム、嘘とごまかしばかりの政治は、もう要らない。国家存亡の危機にある今の日本に必要な「リーダーの条件」とは何か？

1,500円

自分の国は自分で守れ

「戦後政治」の終わり、「新しい政治」の幕開け

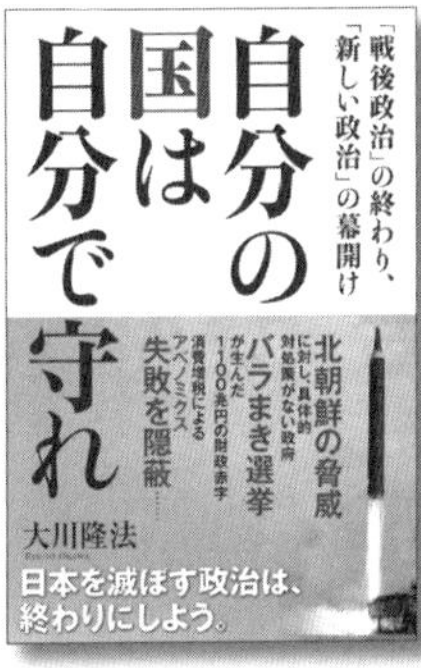

北朝鮮の核開発による国防危機、1100兆円の財政赤字、アベノミクスの失敗……。嘘と国内的打算の政治によって混迷を極める日本への最新政治提言！

1,500円

「報道ステーション」コメンテーター

後藤謙次 守護霊インタビュー 政局を読む

争点隠しや論点のすり替えに騙されるな！ 北朝鮮危機、消費増税、小池新党などについて、テレビでは語れない"国難選挙"の問題点を鋭く分析。

1,400円

大川隆法シリーズ・**最新刊**

吉田茂元首相の霊言

戦後平和主義の代償とは何か

日本は、いつから自分の国を守れなくなったのか？ 戦後日本の政治体制の源流となり、今も政界の底流に流れ続ける「吉田ドクトリン」の問題点に迫る。

1,400円

徳のリーダーシップとは何か 三国志の英雄・劉備玄徳は語る

三国志で圧倒的な人気を誇る劉備玄徳が、ついに復活！ 希代の英雄が語る珠玉の「リーダー学」と「組織論」。その真実の素顔と人心掌握の極意とは？

2,000円

老いて朽ちず

知的で健康なエイジレス生活のすすめ

いくつになっても知的に。年を重ねるたびに健やかに——。著者自身が実践している「知的鍛錬」や「生活習慣」など、生涯現役の秘訣を伝授！

1,500円

※表示価格は本体価格（税別）です。

幸福の科学グループのご案内

宗教、教育、政治、出版などの活動を通じて、地球的ユートピアの実現を目指しています。

幸福の科学

一九八六年に立宗。信仰の対象は、地球系霊団の最高大霊、主エル・カンターレ。世界百カ国以上の国々に信者を持ち、全人類救済という尊い使命のもと、信者は、「愛」と「悟り」と「ユートピア建設」の教えの実践、伝道に励んでいます。

（二〇一七年十月現在）

愛

幸福の科学の「愛」とは、与える愛です。これは、仏教の慈悲《じひ》や布施《ふせ》の精神と同じことです。信者は、仏法真理をお伝えすることを通して、多くの方に幸福な人生を送っていただくための活動に励んでいます。

悟り

「悟り」とは、自らが仏の子であることを知るということです。教学《きょうがく》や精神統一によって心を磨き、智慧《ちえ》を得て悩みを解決すると共に、天使・菩薩《ぼさつ》の境地を目指し、より多くの人を救える力を身につけていきます。

ユートピア建設

私たち人間は、地上に理想世界を建設するという尊い使命を持って生まれてきています。社会の悪を押しとどめ、善を推し進めるために、信者はさまざまな活動に積極的に参加しています。

国内外の世界で貧困や災害、心の病で苦しんでいる人々に対しては、現地メンバーや支援団体と連携して、物心両面にわたり、あらゆる手段で手を差し伸べています。

年間約３万人の自殺者を減らすため、全国各地で街頭キャンペーンを展開しています。

公式サイト **www.withyou-hs.net**

ヘレン・ケラーを理想として活動する、ハンディキャップを持つ方とボランティアの会です。視聴覚障害者、肢体不自由な方々に仏法真理を学んでいただくための、さまざまなサポートをしています。

公式サイト **www.helen-hs.net**

入会のご案内

幸福の科学では、大川隆法総裁が説く仏法真理《ぶっぽうしんり》をもとに、「どうすれば幸福になれるのか、また、他の人を幸福にできるのか」を学び、実践しています。

入会

仏法真理を学んでみたい方へ

大川隆法総裁の教えを信じ、学ぼうとする方なら、どなたでも入会できます。入会された方には、『入会版「正心法語」』が授与されます。

三帰《さんき》誓願《せいがん》

信仰をさらに深めたい方へ

仏弟子としてさらに信仰を深めたい方は、仏《ぶっ》・法《ぽう》・僧《そう》の三宝《さんぽう》への帰依を誓う「三帰誓願式」を受けることができます。三帰誓願者には、『仏説・正心法語《しょうしんほうご》』『祈願文《きがんもん》①』『祈願文②』『エル・カンターレへの祈り』が授与されます。

幸福の科学 サービスセンター
TEL 03-5793-1727 （受付時間／火～金：10～20時 土・日祝：10～18時）

幸福の科学 公式サイト
happy-science.jp

ハッピー・サイエンス・ユニバーシティ
Happy Science University

教育

ハッピー・サイエンス・ユニバーシティとは

ハッピー・サイエンス・ユニバーシティ（HSU）は、大川隆法総裁が設立された「現代の松下村塾」であり、「日本発の本格私学」です。建学の精神として「幸福の探究と新文明の創造」を掲げ、チャレンジ精神にあふれ、新時代を切り拓く人材の輩出を目指します。

学部のご案内

人間幸福学部

人間学を学び、新時代を切り拓くリーダーとなる

経営成功学部

企業や国家の繁栄を実現する、起業家精神あふれる人材となる

未来産業学部

新文明の源流を創造するチャレンジャーとなる

HSU長生キャンパス
〒299-4325
千葉県長生郡長生村一松丙 4427-1
TEL 0475-32-7770

未来創造学部

時代を変え、未来を創る主役となる

政治家やジャーナリスト、ライター、俳優・タレントなどのスター、映画監督・脚本家などのクリエーター人材を育てます。4年制と短期特進課程があります。

・4年制
1年次は長生キャンパスで授業を行い、2年次以降は東京キャンパスで授業を行います。

・短期特進課程（2年制）
1年次・2年次ともに東京キャンパスで授業を行います。

HSU未来創造・東京キャンパス
〒136-0076
東京都江東区南砂2-6-5
TEL 03-3699-7707

学校法人
幸福の科学学園

学校法人 幸福の科学学園は、幸福の科学の教育理念のもとにつくられた教育機関です。人間にとって最も大切な宗教教育の導入を通じて精神性を高めながら、ユートピア建設に貢献する人材輩出を目指しています。

幸福の科学学園

中学校・高等学校（那須本校）
2010年4月開校・栃木県那須郡（男女共学・全寮制）
TEL **0287-75-7777**
公式サイト **happy-science.ac.jp**

関西中学校・高等学校（関西校）
2013年4月開校・滋賀県大津市（男女共学・寮及び通学）
TEL **077-573-7774**
公式サイト **kansai.happy-science.ac.jp**

仏法真理塾「サクセスNo.1」 TEL **03-5750-0747**（東京本校）
小・中・高校生が、信仰教育を基礎にしながら、「勉強も『心の修行』」と考えて学んでいます。

不登校児支援スクール「ネバー・マインド」 TEL **03-5750-1741**
心の面からのアプローチを重視して、不登校の子供たちを支援しています。
また、障害児支援の**「ユー・アー・エンゼル!」運動**も行っています。

エンゼルプランV TEL **03-5750-0757**
幼少時からの心の教育を大切にして、信仰をベースにした幼児教育を行っています。

シニア・プラン21 TEL **03-6384-0778**
希望に満ちた生涯現役人生のために、年齢を問わず、多くの方が学んでいます。

NPO
活動支援

ブログ **blog.mamoro.org**

学校からのいじめ追放を目指し、さまざまな社会提言をしています。また、各地でのシンポジウムや学校への啓発ポスター掲示等に取り組む一般財団法人「いじめから子供を守ろうネットワーク」を支援しています。

公式サイト **mamoro.org**
相談窓口 **TEL.03-5719-2170**

政治

幸福実現党

内憂外患《ないゆうがいかん》の国難に立ち向かうべく、2009年5月に幸福実現党を立党しました。創立者である大川隆法党総裁の精神的指導のもと、宗教だけでは解決できない問題に取り組み、幸福を具体化するための力になっています。

幸福実現党 釈量子サイト
shaku-ryoko.net

Twitter
釈量子@shakuryoko
で検索

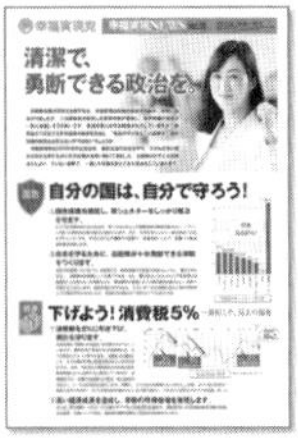

党の機関紙
「幸福実現NEWS」

幸福実現党　党員募集中

あなたも幸福を実現する政治に参画しませんか。

○ 幸福実現党の理念と綱領、政策に賛同する18歳以上の方なら、どなたでも参加いただけます。

○ 党費:正党員（年額5千円［学生 年額2千円］）、特別党員（年額10万円以上）、家族党員（年額2千円）

○ 党員資格は党費を入金された日から1年間です。

○ 正党員、特別党員の皆様には機関紙「幸福実現NEWS（党員版）」が送付されます。

＊申込書は、下記、幸福実現党公式サイトでダウンロードできます。

住所:〒107-0052　東京都港区赤坂2-10-8 6階 幸福実現党本部

TEL **03-6441-0754**　FAX **03-6441-0764**

公式サイト **hr-party.jp**　若者向け政治サイト **truthyouth.jp**

幸福の科学出版

出版
メディア
事業

大川隆法総裁の仏法真理の書を中心に、ビジネス、
自己啓発、小説など、さまざまなジャンルの書籍・雑誌を出版しています。他にも、映画事業、文学・学術発展のための振興事業、テレビ・ラジオ番組の提供など、幸福の科学文化を広げる事業を行っています。

アー・ユー・ハッピー?
are-you-happy.com

ザ・リバティ
the-liberty.com

幸福の科学出版
TEL **03-5573-7700**
公式サイト **irhpress.co.jp**

THE FACT

ザ・ファクト
マスコミが報道しない
「事実」を世界に伝える
ネット・オピニオン番組

Youtubeにて
随時好評
配信中!

ザ・ファクト 検索

芸能文化
事業

NEW STAR PRODUCTION

ニュースター・プロダクション

「新時代の"美しさ"」を創造する芸能プロダクションです。2016年3月に映画「天使に"アイム・ファイン"」を、2017年5月には映画「君のまなざし」を公開しています。

公式サイト **newstarpro.co.jp**

ARI Production

ARI《アリ》 Production《プロダクション》

タレント一人ひとりの個性や魅力を引き出し、「新時代を創造するエンターテインメント」をコンセプトに、世の中に精神的価値のある作品を提供していく芸能プロダクションです。

公式サイト **aripro.co.jp**

大川隆法　講演会のご案内

大川隆法総裁の講演会が全国各地で開催されています。
講演のなかでは、毎回、「世界教師」としての立場から、幸福な人生を生きるための心の教えをはじめ、世界各地で起きている宗教対立、紛争、国際政治や経済といった時事問題に対する指針など、日本と世界がさらなる繁栄の未来を実現するための道筋が示されています。

8月2日 東京ドーム「人類の選択」

5月14日 ロームシアター京都「永遠なるものを求めて」

4月23日 高知県立県民体育館「人生を深く生きる」

2月11日 大分別府ビーコンプラザ・コンベンションホール「信じる力」

1月9日 パシフィコ横浜「未来への扉」

講演会には、どなたでもご参加いただけます。
最新の講演会の開催情報はこちらへ。⟹

大川隆法総裁公式サイト
https://ryuho-okawa.org